GOLES

GOLES
Luis Villarejo

CÓRNER

© Luis Villarejo, 2013

Primera edición: junio de 2013

© de esta edición: Roca Editorial de Libros, S.L.
Av. Marquès de l'Argentera 17, pral.
08003 Barcelona
info@editorialcorner.com
www.editorialcorner.com

Diseño de maqueta: Jose Lainz

Impreso por EGEDSA
Roís de Corella 12-16, nave 1
Sabadell (Barcelona)

ISBN: 978-84-15242-36-9
Depósito legal: B. 11.428-2013
Código IBIC: WSJA

A mis padres, por llevarme de niño al fútbol.
Y a mi hijo Alberto, feliz tras descubrir goles de leyenda.

ÍNDICE

PRÓLOGO

por Vicente del Bosque

La historia del fútbol está repleta de goles fantásticos. Pero reconozco que cuatro de ellos me acompañan con una luz especial en mi trayectoria deportiva. Andrés Iniesta, con su volea en la final del Mundial de Sudáfrica; Zinedine Zidane, sublime con su golpeo en la final de la Champions League de la novena en Glasgow; y un tercer tanto, que con menor énfasis suelo recordar a menudo. Es un lanzamiento de Roberto Carlos con el Real Madrid en un partido más de Liga, jugado en Tenerife; un disparo sin ángulo desde el lado izquierdo, a punto de salir el balón por la línea de fondo, que dibujó una curva imparable y que entró con violencia en la portería del Tenerife. Un gol atípico, que no dio ningún título y sin embargo es de una plasticidad tan grande que es imborrable en mi memoria. Como lo es también la cabalgada y la eficacia de Raúl en Saint Denis ante Cañizares.

Los goles transmiten energía positiva a los aficionados al fútbol. Andrés Iniesta ejecuta su gol en la final del Mundial 2010 de Sudáfrica con una perfección técnica espectacular. Su remate no se produce en los inicios de un partido. Se jugaba el minuto 116 de la final de un Mundial. Y ahí, un futbolista como él aparece con sobriedad, emerge con frescura y pone su talento y su calma al servicio de la selección española. Su forma de poner el cuerpo, el giro que realiza, todo el dinamismo que exhibe es de una calidad excelsa. Una técnica individual envidiable. Un gol valioso, con un toque de frialdad increíble. Después corre a la esquina a celebrar su gol levantándose la camiseta y mostrando al mundo entero la imagen de su gran amigo y añorado Dani Jarque. Una lección de generosidad y racionalidad en el minuto más recordado en la historia del fútbol español.

La segunda asociación de ideas (gol-fotografía inolvidable) la viví en el Hampden Park, en Glasgow. Final de la Champions League de 2002 contra el Bayer Leverkusen. La novena del Real Madrid. Un centro malo de Roberto Carlos, quien, con retranca y buen humor, siempre defendió él como un excelente servicio hacia Zidane, que este empalma con una dificultad extrema. Zidane siempre fue un futbolista muy coordinado en sus movimientos. Conocía su cuerpo con exactitud casi científica. Con su 1,85 de altura, teóricamente su conexión con la pelota debía de ser más complicada. Zidane, sin embargo, era magistral en su golpeo con el exterior. La armonía que disfrutaba en esta faceta marca diferencias. Zidane agarró un disparo con sincronía, simetría y sobre todo, con una categoría inigualable. Su gol en el Hampden Park resultó majestuoso.

Un tercer nombre vinculado a la

> Cuatro goles me acompañan con una luz especial: Iniesta con su volea en Sudáfrica, Zidane con su sublime golpeo en Glasgow, un extraordinario gol de Roberto Carlos al Tenerife y la galopada de Raúl en Saint Denis.

clarividencia, con un toque de balón fantástico es Roberto Carlos. Ese gol de Roberto Carlos del año 98 es un gol imposible. No quiso centrar. Tiró a puerta y clavó el balón en la red. A veces, surge la duda cuando un futbolista maneja la intención de centrar al área y la pelota sin él pretenderlo va a puerta. En el caso de Roberto Carlos, no. Tuvo claro su destino y puso el balón donde quiso. Es un gol genial, inverosímil, inesperado, fabuloso.

Un balón en carrera, que se iba ya fuera del campo, y desde la misma raya lateral, cerquita del córner, Roberto Carlos golpeó con ímpetu y efecto un balón que dibujó una parábola descomunal, antes de entrar en la portería. Una obra de arte, como los otros goles a los que me refiero. Tres grandes hombres del fútbol mundial: Iniesta, Zidane y Roberto Carlos. Añadiría un cuarto hombre, Raúl, tan grande como ellos y un cuarto gol de propina: la ejemplar conducción de Raúl en la final de París ante el Valencia que supuso la octava para el Real Madrid. Extraordinario Raúl. Son goles que nos han alegrado la vida. Goles inolvidables con su gran historia detrás, como los que narra en este libro Luis Villarejo •

*E*s imposible resumir y escribir sobre los mejores goles de la historia del fútbol en un solo tomo. Este libro no traza los perfiles de todos. En estas páginas podrían aparecer Zlatan Ibrahimovic —fascinante siempre cuando aplica a las acciones su elasticidad como cinturón negro de taekwondo—, Cristiano Ronaldo, Wayne Rooney, Guti, Rivaldo, Romário, Isma Urzaiz, Santi Aragón, Marcelino, Alfredo di Stéfano, Fernando Morientes… futbolistas de todas las épocas que han puesto en pie a los aficionados con resoluciones hermosas dentro y fuera del área.

Merecerían estar todas aquellas acciones importantes que han colocado a la selección española en la cima del fútbol mundial. La sangre fría de David Villa, los cabezazos de Carles Puyol y David Silva, los penaltis de Cesc Fàbregas, el talento de Xabi Alonso y de Xavi Hernández. Generación 2.0 que ha convertido a este equipo en la locomotora de la marca España, en una prolongación del Ministerio de Asuntos Exteriores, que pone en valor las ideas y la industria de un país que, en los inicios del siglo XXI, necesita la exportación como agua de mayo. Pero no caben todos. La España FC, campeona de Europa y del mundo, está representada en estas páginas por los goles de Andrés Iniesta, Fernando Torres y Sergio Ramos.

Este libro es una selección subjetiva de goles simbólicos, ejemplares, que permanecen en la memoria de diferentes generaciones. Goles subrayados por su estética, su cotización, pero sobre todo porque, transcurridos años desde su ejecución, siguen vivos. No han caducado. Todos ellos han alcanzado un grado de madurez excelso y su repercusión a través de vías diferentes mantiene a sus autores cerca de la actualidad. Son goles con secretos, con detalles desconocidos para el gran público.

De Iniesta a Pelé; de Kiko a Maradona; de

Nayim a Mijatovic; de Zarra a Raúl; de Van Basten a Leo Messi; de Fernando Torres a Falcao, pasando por Roberto Carlos, Ronald Koeman, Diego Forlán, Gaizka Mendieta, Steven Gerrard, Hugo Sánchez, Ferenc Puskas, Zinedine Zidane, Emilio Butragueño, Fernando Hierro, Ronaldo, Juan Señor, Johan Cruyff y Sergio Ramos. Son goles que además cuentan con un denominador común: son postales para el recuerdo. Fotos que hablan. Instantáneas con sabor, acciones que cuentan con un relato previo y una explicación posterior, con una fuerza y un calado que ayudan a comprender mucho mejor la trascendencia que acompaña a los goleadores.

Goles mágicos, goles épicos, singulares, distintos, con trayectoria. Maravillosos, en suma. Acciones inolvidables que a muchos de nuestros protagonistas les sirven para colarse en el túnel del tiempo y sentirse un poquito más felices. Porque los ídolos, los grandes, aunque por momentos pudieran estar de vuelta de todo en la vida, disfrutan viendo sus gestas.

En la elaboración del libro, he visto como a Sergio Ramos se le ponía la carne de gallina mientras observaba su gol a lo Panenka en la Eurocopa 2012. He tomado café con futbolistas felices, orgullosos de su obra, con nostalgia, serenos, audaces y optimistas.

Mi especial agradecimiento a Jorge Valdano, autor de una descripción inolvidable del antes, el durante y el después del gol de Maradona a Inglaterra; a Andoni Zubizarreta, testigo directo de cómo ensayó Ronald Koeman el día anterior su gol en Wembley, en la primera Copa de Europa del FC Barcelona; y a la familia de Telmo Zarra, su mujer Carmen y su hija Carmen Zarraonandia, que me ofrecieron de inmediato su colaboración para exponer el lado humano de un futbolista que fue icono del fútbol español tras el Mundial de 1950 disputado en Brasil.

Gracias a la generosidad de futbolistas como Andrés Iniesta, Sergio Ramos, Radamel Falcao, Raúl González, Fernando Torres, Kiko, Pedja Mijatovic, Diego Forlán, Emilio Butragueño, Fernando Hierro, Hugo Sánchez, Nayim, Luiz Pereira, Gaizka Mendieta y Juan Señor. Todos me regalaron su tiempo.

Al igual que Rafa Benítez, entrenador español de solvencia y rigor táctico, por su colaboración en la exposición del primer gol de Steven Gerrard, y la atmósfera que rodeó a su vestuario en la Champions League que ganó su Liverpool al AC Milan en Estambul. A

Este libro es una selección subjetiva de goles simbólicos, ejemplares, que permanecen en la memoria de diferentes generaciones.

Rafa y a Juan Francisco Sánchez, su mano derecha, mi gratitud. Y a Fabio Capello, por su conocimiento del fútbol mundial y su radiografía de un futbolista como Marco van Basten, al que dirigió en el legendario Milan de los años noventa del siglo pasado.

Y a la Real Federación Española de Fútbol (RFEF), con Ángel María Villar y Jorge Pérez Arias al frente, y a Antonio Bustillo, por su política de apertura, que sitúa a los futbolistas internacionales españoles como números uno en imagen externa mundial. Especial reconocimiento a Rocío Fernández Iglesias, siempre gentil y eficaz en el Museo de la RFEF; a los departamentos de comunicación del FC Barcelona y del Atlético de Madrid (a Rafael Alique, su director, y a Juan José Anaut), por su cercanía.

A Javier Miñano, preparador físico de la selección española. Sus conocimientos son oro puro. Al colegiado asturiano Mejuto González, que estuvo al lado de Leo Messi mientras driblaba jugadores del Getafe y dejaba para el recuerdo una obra de arte. Y también a Miguel Reina, padre de Pepe y ejemplar guardameta en los años setenta del FC Barcelona y del Atlético de Madrid. Él estuvo delante de Johan Cruyff y mantiene su teoría, que ya leerán, sobre el famoso gol del holandés en el Camp Nou. Gracias a todos ellos y a mi amigo Juanfran Torres, defensa del Atleti y de la selección, con quien comparto mis interminables tertulias de fútbol.

Goles mágicos, goles épicos, singulares, distintos, con trayectoria. Acciones inolvidables que sirven para colarse en el túnel del tiempo.

Este libro aspira a ser una herramienta para futboleros de verdad, pero también un repaso sociológico para todos aquellos que, sin ser auténticos expertos, quieran comprobar la magnitud del fútbol. Y experimentar las repercusiones sociales, económicas, políticas, mediáticas e históricas que es capaz de producir algo tan inocente como un simple gol. Los ingleses gritan «*yes*» y nosotros cantamos «gol» cuando el balón toca la red. A partir de ese momento, si el momento es trascendente, el autor entra en una nueva dimensión ●

MARADONA

El mejor gol de todos los tiempos

«Ese gol hizo de Diego un mito, un héroe.
Desde entonces se convirtió en un prócer,
más a la altura del general San Martín
que de otro futbolista de la historia.»

JORGE VALDANO,
campeón del mundo con Argentina en 1986 y
testigo directo del gol de Maradona a Inglaterra

ARGENTINA, 2 - INGLATERRA, 0

22 de junio de 1986. Estadio Azteca de México DF. 114.580 espectadores abarrotan el recinto. Se juegan los cuartos de final del Mundial de México 86, un torneo que debería haberse disputado en Colombia, pero su renuncia fue compensada por México, que, a pesar de soportar los estragos de un terremoto unos meses antes, logró organizar un torneo en el que la imagen de Diego Armando Maradona dio la vuelta al planeta. Maradona contra Inglaterra. Maradona frente a Peter Shilton. Argentina-Inglaterra, en un duelo repleto de pasión con la Guerra de las Malvinas al fondo. Un duelo de cuentas pendientes en la grada, pero de serenidad en los sectores más reflexivos del vestuario argentino.

Jorge Valdano siempre estuvo cerca de Maradona en aquel campeonato. Fue el acompañante perfecto de un título en un Mundial al que Valdano llegaba con ganas de revancha. Jugó poco Jorge en el del 82 en España, donde una lesión le privó de ser feliz en el mejor momento de su vida deportiva, según me confiesa. «Volaba. En esa época volaba, nunca estuve tan bien», cuenta Valdano con nostalgia, después de recordar como tras veintiún minutos ante Hungría tuvo que dejar el estadio Rico Pérez de Alicante. Salió en su lugar Gabriel Humberto Calderón. Militaba Valdano ese año en el Real Zaragoza, un club que jugaba un fútbol de altos vuelos, con Pichi Alonso, Raúl Amarilla y él en punta. Un soplo de aire fresco de un equipo que dejaba destellos de elegancia y goles, muchos goles, allá donde iba.

Después de ese accidentado Mundial en España 82, Valdano disfrutó en México 86 cada sorbo de aquella exhibición de Diego. Valdano se toma su café con pausa. Le intento enseñar el gol de Maradona en el iPad, pero, mientras el buscador procesa el tanto, me advierte: «Tranquilo, lo tengo en la cabeza; no me hace falta».

Y compruebo que es verdad. En la conversación, Valdano describe con sutileza cada movimiento de Diego, maneja todos los códigos, los números, las cifras, los metros que recorrió, los rivales a los que dribló Maradona. Igual que David Hockney sorprende al pintar paisajes siempre distintos, Valdano narra en color toda la atmósfera de un gol del que él no tiene duda: «Es el mejor gol de todos los tiempos». Y añade con humor: «El mejor gol de mi carrera lo marcó Maradona».

—Jorge, ¿qué es lo que supuso para Maradona este gol?

—En primer lugar hizo de Diego un mito, un héroe. Desde entonces se convirtió en un prócer, más a la altura del general San Martín (libertador de Sudamérica), que de otro futbolista de la historia. Fue un gran gol, con la particularidad de que lo hizo en un Mundial y frente a Inglaterra, ni más ni menos. Es difícil explicar a la gente qué significó ese gol no siendo argentino. El gol tenía una carga tremenda. Lo ilustra de forma nítida un recuerdo de Eduardo Sacheri en el estupendo documental de Telesur *Víctor Hugo, cuerdas y vocales*, dedicado a Víctor Hugo Morales, el narrador oficial del gol de Diego.

—El guionista de *El secreto de sus ojos*, película de Óscar…

—El mismo. Pues cuenta Sacheri, que escribe muy bien de fútbol, que él a Maradona le perdona todo en la vida. Le da igual lo que haya hecho luego. Y relata que, el día del partido ante Inglaterra, tomó un tren antes del encuentro, cuando todo el mundo estaba ya prácticamente en casa esperando verlo en la tele. Sacheri iba a comer a casa de su novia. Y al detenerse el vagón en una estación, en la vía de al lado se paró otro que circulaba en sentido contrario, en el que iba otro pasajero. Los dos viajaban solos en sus respectivos trenes. De ventanilla a ventanilla, él radiografió al otro tipo. Y el intercambio de miradas resultó impactante. No se conocían de nada.

Pero ambos sabían que se encontraban en los minutos de espera. Un tiempo de sufrimiento. Sacheri y el hombre del otro tren sabían sin hablarse que aquella jornada había que sufrir. Manejando ambos códigos con el semblante, con una mirada penetrante, que simbolizaba la ansiedad en un país entero que había parado de respirar esperando el inicio del partido. Los dos pasajeros no se conocían, no se hablaban, pero pensaban lo mismo. Tarde de espera y expectación.

—Simbólico, sin duda ese pasaje…

—Y al partido le pasaron dos cosas inolvidables, las dos con un tremendo peso histórico: «La mano de Dios», de gran calado por la propia definición que le dio luego Diego; y el otro gol, el segundo, considerado por mí y por muchos especialistas como el mejor gol de la historia del fútbol. Un gol, el último, que se eleva a ese rango por su calidad, su estética, su belleza, pero también por su trascendencia, por el lugar, el momento, por todos los argumentos que coinciden alrededor de aquel partido.

—Fue en el minuto 55, con ese ya famoso pase del *Negro* Enrique, quien se limitó a ceder en corto el balón a Maradona en el centro del campo. Enrique siempre bromeó y presumió de entregarle el balón. Y a partir de ahí, la velocidad de crucero y el eslalon sorteando ingleses hasta dejar la pelota dentro del portal de Shilton. Lo contó Víctor Hugo Morales con lágrimas y dejó para la posteridad la frase del «barrilete cósmico, de qué planeta viniste» para ensalzar un gol que en ese instante daba oxígeno e hizo muy felices a millones de argentinos…

—Del gol de Maradona interesaron muchos aspectos, pero yo sentí curiosidad por intentar comprobar cómo funciona la cabeza de un genio en determinadas situaciones. Maradona, en ese gol, llegó a pensar y desechar varias ideas en diez segundos. En cuanto llegamos al vestuario, cuando entramos en la ducha, le dije a Diego, sin ver aún el gol en vídeo: «Ya está. A partir de ahora se acabó la discusión. Estás en el mismo sitio que Pelé en la historia del fútbol.» ¿Y sabe qué me contestó?

—No, dígame…

—«Desde que arranqué con el balón —me decía Diego—, estuve buscando el momento de dártela porque sabía que llegabas por la izquierda.» No se puede entender, pero Maradona tiene visión periférica, tenía en el campo ojos esparcidos por todo el cuerpo. Y me insistía: «Te quería entregar la pelota, pero, cada vez que iba a dártela, se me cruzaba un inglés por el camino y no tenía más remedio que regatearle y seguir hacia la portería». «¿Y me viste?», le reiteraba yo. «Si me viste, lo tuyo es otra profesión diferente de la mía.

Vives en otro mundo», le dije. Y me remató con un detalle, interesante, que se le pasó por la mente también en el instante final de acabar la jugada.

—Continúe…

—Me comentó Maradona que, justo cuando se enfrentó a Shilton en el mano a mano, se acordó de su hermano. ¿Por qué? Porque siete u ocho años antes en un mismo partido, un Inglaterra–Argentina, esta vez en Wembley, Maradona realizó una jugada muy parecida, sobre todo en los últimos metros. Sin embargo, aquella acción no acabó en gol; se le fue fuera por centímetros y toda la grada de Wembley se levantó a aplaudir puesta en pie. Fue una obra de arte, sin premio.

—¿Y qué le dijo su hermano?

—Le dijo que al enfrentarse al portero tenía que haberle driblado y no haber tirado a puerta como hizo en Wembley. Por eso, explica Maradona, cuando se encuentra con Shilton, a modo de ráfaga, que le pasó de forma fugaz por el cerebro, se acordó de las palabras y el consejo de su hermano, llevó el balón a la derecha y lo empujó a la red. Imagínese a qué velocidad puede pasar una información por la mente. Pasa como un proyectil, un impacto que se convierte en decisión.

—Seguro, Jorge, que profundizó en esa reacción…

—Yo escribí en su momento de este

asunto. Y lo hice porque había leído un estupendo libro de José Antonio Marina titulado *Teoría de la inteligencia creadora*, que habla sobre cómo funciona el patrón creativo de un escritor, de un músico, de un deportista… Él escribe a partir de Michael Jordan y sobre lo que le ocurre cuando conduce el balón.

—«Crear es inventar sorpresas eficientes», argumenta José Antonio Marina…

—De aquel libro interpreté que había dos o tres elementos que me podrían ayudar a entender la forma de gestionar Maradona aquella jugada. A Diego se le pasaron por la cabeza varias secuencias. Desde verme y darme el balón, a driblar a Shilton o ver a un defensa que venía por detrás y que le da una patada importante, además de olvidarse del dolor. El gol, de cualquier forma, fue sublime.

—¿Es importante la velocidad de ejecución de Maradona?

—Lo curioso de la jugada es que, en términos atléticos, Diego no firma una gran marca con el cronómetro. Hace diez segundos en cincuenta metros con diez toques a la pelota, pero lo mejor del gol es la forma en que va mostrando la pelota: la enseña y la esconde con destreza. La vuelve a mostrar y

Valdano: «Lo mejor del gol es la forma en que va mostrando la pelota: la enseña y la esconde con arte. Juega con el cambio de ritmo y rubrica un gol fabuloso.»

a esconder, juega con el cambio de ritmo y rubrica un gol fabuloso.

—Aquella camiseta que lució Diego Armando Maradona, patrocinada por Le Coq Sportif, aún sigue siendo cotizada. Se vende en las calles céntricas de Buenos Aires como rosquillas. Al lado de la de Leo Messi. El tiempo parece que se ha detenido en 1986…

—Para varias generaciones de argentinos, Diego es un personaje inolvidable. El día de su homenaje en la cancha de Boca acudí al partido. Me senté al lado de Platini. Todo era tan exagerado, de tanta emotividad, tan excesivo. Platini no entendía nada. Abuelos, padres, nietos, llorando sin parar, abrazados, recordaban la figura de Diego. Maradona, entretanto, medio cojo y gordo saludaba a la gente sin tener ninguna duda de que merecía esa coronación como rey plebeyo.

—Basta un paseo por Buenos Aires para darse cuenta de la fascinación que ejerce ese personaje entre el pueblo argentino…

—Te voy a contar algo increíble que me pasó la noche anterior al homenaje. En el hotel donde nos alojábamos había una boda. En un momento dado se me acerca la novia, protagonista del enlace, y me pregunta: «Por favor, Jorge, ¿me puedes decir dónde está Diego? Sé que se encuentra en este hotel».

Le dije que no. Me insistió. «Es el día más importante de mi vida; entiéndelo, por favor. Me gustaría hacerme una foto con él.» Al final me convenció y le dije que Maradona estaba alojado en la última suite del pasillo.

—Intuyo lío…

—Tocó la puerta la chica y apareció Maradona en el umbral del rellano. No estaba entonces en un período muy tranquilo de su vida. Diego apareció con un aerosol de pintura verde en la mano. Según abrió, le roció de arriba abajo de verde el vestido de novia. Yo veía el espectáculo de lejos y pensé: «Tierra, trágame. Hoy nos meten presos a todos». Sin embargo, la historia tuvo un final feliz. La novia avanzó por el pasillo, se me acercó encantada, gozando con la escena gritando y sonriendo. «Mirá, mirá, lo que me hizo Maradona.» En ese momento, uno se da cuenta de que Diego en Argentina puede hacer lo que le dé la gana, que nadie se lo va a recriminar ni sancionar.

—¿Exhibió algo en los entrenamientos que no pudiera enseñar en un partido oficial?

—En los entrenamientos era imposible no ver algo que te asombrara. Nada en Maradona era rutinario. Te daba un pase de cinco metros tan perfecto, a la pierna siempre que más te convenía, a la velocidad ideal. Te eliminaba a un rival si le tenías enfrente, sus pases no tenían defectos. Y cuando se quedaba solo con la pelota era un auténtico prestidigitador.

—Si le pido una secuencia que ilustre su relación con Maradona, ¿qué le viene a la mente?

—Tengo una foto en mi despacho preciosa. Yo estoy de frente, él está de espaldas. Y da igual. La imagen la llena Maradona, aunque no esté de frente y yo sea más alto. Diego ocupa siempre los espacios.

—¿Cómo abordó Valdano la atmósfera previa al Argentina–Inglaterra con el mar de fondo de la Guerra de las Malvinas?

—Antes del encuentro hicimos un esfuerzo de contención. Yo declaré que era solo un partido, para que no se confundieran los imbéciles que mezclan política y deporte. Todos hablaban en la misma línea; intentamos atenuar el peso del partido, porque de otra forma habría sido insoportable.

—Y luego ya en el campo…

—El partido fue malísimo en términos futbolísticos. Con pocas jugadas brillantes por parte de los dos equipos. Ellos estuvieron, por cierto, a punto de empatarlo. A falta de tres minutos, John Barnes, que había entrado en el campo por Trevor Steven en el minuto 74, comenzó a desbordarnos. Giusti echó una mano y apareció a jugar de lateral y en la última acción del partido, tras un error nuestro, por detrás de Pumpido apareció *el Vasco* Olarticoechea y sacó el balón con la nuca. El Vasco lo llamó «la nuca de Dios». En ese momento ganábamos por 2-1. Lineker había marcado el gol de ellos y pensé «si marca de nuevo, esto solo lo puede resolver otra jugada de Diego».

—Un Mundial es para toda la vida. Me imagino que es un instante que une a los futbolistas para siempre…

—En nuestro caso, no. El título nos ha desunido para siempre. Se cumplieron en su momento veinticinco años de aquel éxito y nunca nos hemos reunido para comer un asado. Muchos de los protagonistas están peleados.

—La relación de Maradona con Pelé, quizá por la pugna por ese cetro mundial, no ha sido fluida, al menos de cara al exterior…

—Te voy a contar otro detalle del día que se homenajeó a Maradona en Buenos Aires, en la cancha de Boca. Pelé estaba en el palco. Cerca de mí. De repente, todas las miradas le apuntaban a él. Los focos se centraron en su persona. Y al grito de «hijo de puta, hijo de puta» 40.000 personas lo insultaban. Pelé, que tiene tablas, sabiendo que todo el mundo estaba pendiente de él, se levantó, se asomó al estadio con las manos abiertas en señal de pleitesía, dando las gracias

Diego Armando Maradona, tras desbordar a los defensas ingleses que le salieron al paso.

al público, como si recibiera una cariñosa ovación. No era ese el mensaje precisamente que le trasladaban los hinchas, pero él es muy listo y lo convirtió en otra cosa con serenidad absoluta.

—¿Qué sensaciones, qué estímulos recorren el cuerpo de un futbolista cuando ve que es campeón del mundo?

—Son episodios que te superan, que traspasan el límite de la felicidad. No acabas de asimilarlo del todo. Si te dicen cinco minutos antes de la final de un Mundial, «me das la mitad de lo que tienes a cambio de un gol en ese escenario», con ese ambiente previo, lo aceptas sin dudar. Nosotros ganamos 30.000 euros por el título. ¡Cómo cambia la vida!, ¡cómo cambian los tiempos!

—¿Cómo fue la celebración del Mundial?

—Llegamos a Argentina, nos recibió el presidente, Raúl Alfonsín. Hizo lo que tenía que hacer. Nos saludó, nos felicitó y nos dijo: «Ahí tienen el balcón de la casa de gobierno y disfruten con la gente». Se fue de inmediato. Nos dejó el protagonismo a los jugadores rápidamente. Se desmarcó de lo que ocurrió en el Mundial del 78, de los militares, de cómo habían utilizado el fútbol.

Por eso no puedo olvidarme de esa noche. Llegué a un restaurante que se llama Los Años Locos, en La Costanera, acompañado de mi madre y de mi mujer. El restaurante estaba lleno, repleto, a tope. Todo el mundo se puso en pie, con las servilletas al viento, vitoreando: «¡Argentina. Argentina!» Una noche inolvidable.

A Jorge Valdano se le recuerda en Argentina como un extranjero. En Primera División solo jugó una cincuentena de partidos para Newell's Old Boys. Salió de Rosario con casi veinte años rumbo al Alavés, a Vitoria, para ganarse la vida en Segunda División, antes de fichar por el Real Zaragoza. Un esguince de rodilla le dejó fuera del Mundial de 1982; salió del campo llorando, pensando que aquello era una ocasión única, irrepetible. Físicamente andaba enorme. Creyó que nunca le llegaría otro Mundial. Y el destino le tenía preparada una sorpresa: un nuevo campeonato, en México 86, con regalo incluido, siendo testigo del mejor gol de la historia, con Maradona a su lado.

El gol de Maradona. Recreado por Víctor Hugo Morales, un narrador nacido en Uruguay pero argentino hasta la médula, dejó para la posteridad su emoción, su pasión y su orgullo con una sintonía perfecta. Desde su web www.victorhugomorales.com.ar, Víctor Hugo deja a los aficionados un legado, del que merece la pena subrayar este mensaje:

«"Quiero llorar", decía con el puño apretado quien firma esta nota, lanzado sobre el pupitre, envuelto en cables y auriculares, mientras Maradona se desplazaba hacia un costado de la cancha para celebrar la conquista.

Víctor Hugo Morales: «Era la más bella, osada, corajuda e inventiva de las películas que el fútbol había producido en toda su historia.»

»El cuerpo lanzado al placer del grito. El desvarío de una mente que se queda en blanco como si una nube estallara dentro de los párpados cerrados. No fue solo la jugada. Las emociones de varios años entraron por el pequeño embudo de la razón. Era la hazaña de Diego, del amado Diego de los futboleros. Era el pase a las semifinales del Mundial y el relator lo había pronosticado, y los hombres aprecian sobremanera el hecho de tener razón. Era contra los ingleses, y cientos de pibes que lo hubieran gritado no podían hacerlo, apagadas sus voces cuatro años antes en las heladas tierras de las Malvinas. Ocurría en un escenario adverso. Y era la más bella, osada, corajuda e inventiva de las películas que el fútbol había producido en toda su historia» •

KIKO

Oro molido

«Señor, yo juego en el Cádiz, nunca he ganado nada;
por favor, no añada usted más, es el partido de mi vida.
Pite ya el final.»

KIKO NARVÁEZ,
dirigiéndose al árbitro en los últimos instantes
de la final de los Juegos Olímpicos de Barcelona,
tras marcar el gol de la victoria

ESPAÑA, 3 - POLONIA, 2

Camp Nou. 8 de agosto de 1992. Final del torneo de fútbol en los Juegos Olímpicos en Barcelona. Minuto 90. España y Polonia buscan el oro a la desesperada. La emoción, la tensión y la incertidumbre dominan la atmósfera con el 2-2. En la grada, 95.000 banderas españolas ondean y animan a la selección que dirige Vicente Miera. A su lado, en el banquillo, el delegado del equipo, Valentín Sainz de Rozas, saca su talismán de nuevo, la figura de un pequeño búho que dice dar suerte. No hay tregua. El árbitro es colombiano. Se llama José Joaquín Torres Cadena. Mira el reloj. Y pita córner a favor de España. No hay tiempo que perder y por allí aparece Albert Ferrer. El Chapi posiblemente no volvió en su vida a lanzar un córner, pero aquella noche se armó de valor. Mima la pelota en la esquina y, como si fuera un habitual, golpea con el pie derecho y pone el balón en el corazón del área.

Kiko (entonces Quico) intenta una media chilena con el balón a media altura, falla en el remate, el balón queda para Luis Enrique, que prueba fortuna con un disparo raso y con la izquierda. Se estrella por el camino en la zaga

polaca. El rebote llega a Kiko. Y ahí se detiene el tiempo. El número 19 de la selección se encuentra fresco. Con chispa. Ha firmado unos Juegos Olímpicos de cine. Desde su debut contra Colombia en Mestalla hasta el último minuto en el Camp Nou. Kiko no duda y por eso marca. El balón le viene a su pie derecho y, con un golpeo arriba y por el centro, hace el 3-2. Kiko ya es un héroe. Grita gol. Imita a Tardelli en la celebración. Su gesto, con los puños apretados e hincando las rodillas en el césped, lo habíamos visto igual en la final del Mundial de 1982, en el Bernabéu, cuando Italia tumbó a Alemania y se proclamó campeona del mundo. Kiko se abraza a Ferrer y enseguida llega la tropa. Luis Enrique, Alfonso, Abelardo, Juanma López, Pep Guardiola…

En el palco, los reyes de España (que habían llegado tarde al partido, justo tras presenciar en directo el oro de Fermín Cacho en el Estadio Olímpico de Montjuïc) se emocionan con aquel gol. Pasqual Maragall, entonces alcalde de Barcelona, y Juan Antonio Samaranch, presidente del Comité Olímpico Internacional, esbozan una sonrisa de complicidad. El fútbol, el deporte con mayor número de licencias en España, por fin era capaz de dar una gran alegría con una tribu de chicos sub-21. Ha nacido la Quinta del Cobi, una generación de futbolistas notables liderada por Pep Guardiola, con jugadores como Toni, Ferrer, Solozábal, López, Abelardo, Berges, Amavisca, Mikel Lasa, Luis Enrique, Alfonso, Cañizares, Billabona, Manjarín, Paqui, Vidal, Soler, Miguel y Pinilla. La mayoría de ellos fueron luego internacionales absolutos con Javier Clemente, que ya en esos juegos comenzó a conocerles de cerca.

Fueron unos Juegos Olímpicos impecables: los mejores de nuestra historia, con veintidós medallas conseguidas. Kiko era uno de los 9.356 atletas que participaron en los Juegos Olímpicos de Barcelona: 2.704 mujeres y 6.652 hombres. Más de 13.000 medios de comunicación acreditados. Magic Johnson, Michael Jordan y Larry Bird seducen con el Dream Team de EE. UU. Son los primeros juegos sin boicot político desde el año 1972. Se ha abolido el *apartheid* en Sudáfrica; ha caído el muro de Berlín, el comunismo ya es historia; la Unión Soviética se divide en quince países que, separados, compiten como equipo unificado.

Kiko repasa su gol en un iPad mientras se toma una Coca-Cola Light. Aún se emociona. Sabe de memoria todo lo que ocurrió en esos segundos para el recuerdo. De nuestro encuentro, me llama la atención la lucidez con la que afrontó Kiko aquella final. Pendiente de sus padres, de sus amigos, supo en todo momento dónde estaba su gente en la grada. El descaro, la juventud, la ingenuidad, la inocencia. Aquel Kiko de la prolongación de la adolescencia. Lejos queda aún el otro fútbol, el de ganar sí o sí por obligación, el profesional, el contaminado, el de las medias verdades, el de las medias mentiras, el fútbol hipócrita, el más lejano al romanticismo.

Kiko: «Lo celebré con rabia, hincado en el suelo como Tardelli, y diciéndome "he sido yo, ¿por qué yo?, ¿por qué me ha tocado a mí?"»

—¿Habías jugado alguna vez en el Camp Nou?

—Sí, con el Cádiz. Lo que más me sorprendió fue la cantidad de banderas de España que vi en la grada. Y sobre todo, las pancartas de apoyo. «Pontevedra con vosotros», «Albacete os quiere», «De Cuenca, al cielo». Un espectáculo. Yo no salí a pisar el césped. Me quedé en el vestuario y salté directamente al calentamiento. Cuando salí al campo ya estaba medio lleno.

—¿Cómo fueron las horas previas a la final?

—Pues muy pendiente de mi gente. Estuve liado toda la mañana en el hotel de concentración esperando dar las quince entradas a mis colegas, que llegaban desde Jerez.

Venían en tres Ford Escort y al día siguiente tenían que volver para trabajar. Una paliza de viaje.

—¿Había alguna pancarta para ti?

—Sí, claro. Estaba justo enfrente de la tribuna de la salida al césped. Decía, «Quico, *er mejó* de Jerez». Luis Enrique, en el calentamiento, ya me había avisado: «¡Vaya pancarta que tienes!»

—¿Por qué elegiste el número 19 en tu camiseta?

—¿Por qué? Porque yo no existía. Los buenos me dejaron la que había libre. Podía optar entre un 17 y un 19 y me incliné por esta última al ver que había un 9, un número de delantero. Al menos, hay algo de delantero en la camiseta. Y me llevé el 19. Luego ya con el *copyright* lo disfruté en el Atlético de Madrid.

—Minuto 46. Justo antes del descanso, 0-1. Se adelanta Wojciech Kowalczyk. ¿Qué pasó en el vestuario?

—El primer gol de ellos nos mató. La caseta era un tanatorio. Era el primer gol que encajábamos en el torneo. Y en esos momentos, esperábamos a que hablasen Solozábal o Luis Enrique, los líderes. En aquel equipo jugaba gente como Ferrer y Guardiola, que acababan de ser campeones de Europa con el FC Barcelona; Alfonso y Luis Enrique venían también de ganar con el Real Madrid. Yo, en cambio, venía de jugar una promoción con el Cádiz. Y aquella final no era un escaparate, no; aquello era la oportunidad de mi vida, al lado de compañeros que hasta ese verano yo solo veía por la tele. Y ahora los tenía a mi lado.

—Abelardo empata en el minuto 65. Y en el minuto 70 marcas el 2-1, ganando la posición a tu marcador y cruzando la pelota con elegancia…

—Lo veo ahora y pienso: ¡Qué delgado me veo, qué ágil! Estiro la pierna, ¡qué flexible! Yo nunca tuve el gol en las venas que tienen los goleadores. Es algo como lo que le sucede a Adrián y a Falcao en el Atlético de Madrid. Falcao es el goleador. Adrián, el surtidor. A mí me pasaba lo mismo. Cuando yo jugaba con Vieri, Penev, Salva o Hasselbaink, ellos eran goleadores de cuna; yo les abría el pasillo. En cambio, en los juegos estuve siempre con chispa.

—Ryszard Staniek volvió a empatar (2-2). Y hasta el último instante no pudiste tocar la medalla que te cambió la vida…

—No tiraba jamás por el centro de la portería. Cuando me viene el balón, levanto la cabeza y solo veo red. Hay dos segundos en que me siento iluminado porque sabía que era gol o era gol. No había duda. En lugar de asegurar a un lado o al otro, opté por el centro de la portería. En ese momento se me hizo la portería más grande de mi vida. Justo lo contrario de lo que me pasó siempre, que veía las porterías como las de hockey sobre patines. Hay que recordar que antes del gol, cuando Ferrer saca el córner, me llega el balón y quiero hacer una media chilena, me caigo, y ahí ves a un tío de 1,90 lamentándose, mientras la pelota le va a Luis Enrique…

—Y…

—Y de repente me llega «el balón de futbolista». Yo lo llamo así porque ese gol me hizo jugador de verdad, de los que cobran, de los profesionales. En ese segundo me saqué el carnet de futbolista. «Ahora sí —pensé—, ya estoy al mismo nivel que Alfonso o Luis Enrique, que ya eran deportistas de verdad.» «Ya puedo ser uno de ellos —pensé—. Puedo vivir de esto.» Lo celebré parecido a Tardelli en el Mundial de España. Con rabia, hincado en el suelo y diciendo: «He sido yo, he sido yo, ¿por qué yo?, ¿por qué me ha tocado a mí?»

—¿Viviste alguna vez una jugada parecida?

—En el área hay que estar vivo. Un día jugando contra Dinamarca dudé y Schmeichel me sacó un balón, me hice un lío y con la puntera me quitó el gol.

—Desde que te abrazan Chapi Ferrer y los demás hasta que el árbitro pita el final, ¿qué ocurre en el campo?

—Yo estaba detrás del árbitro. Era latino.

Nos habían avisado antes que no había problema, que se podía hablar en castellano con él. Yo comencé a perseguirle desesperado; me ponía a su lado y no paraba de decirle: «Señor, yo juego en el Cádiz, nunca he ganado nada; por favor, no añada usted más, es el partido de mi vida. Pite ya el final».

—De pie, en la entrega de medallas, en algunas fotos no se te ve, apareces tapado. ¿Qué pensaste cuando te viste con la medalla de oro al cuello?

—En ese momento, estoy con mala cara. Estaba fundido, agotado; aparezco escondido entre Vidal y Billabona. No puedo con mi alma. Estoy que me caigo, sin fuerzas, exhausto, asfixiado, deshidratado, con la humedad que había. El desgaste emocional había sido terrible. En la celebración de mi gol, hay una imagen donde se ve a Superlópez corriendo hacia mí a festejar y se le ve con el rostro desencajado; la gente no podía más del esfuerzo que habíamos hecho en el campo.

—¿Por qué se ganó el oro?

—Por el buen grupo que formamos. Teníamos además fútbol y toque. Sinceramente, en la concentración no pensábamos en tanto éxito. Nos fuimos animando conforme ganábamos los partidos. Vencimos a Colombia, la representante de América, que había dejado fuera a Brasil y a Argentina. Tenían a Faustino Asprilla, a Valenciano y a Aristizábal. Y el día clave fue cuando eliminamos a Italia. Entonces dijimos «ya que estamos aquí, vamos a por todas».

—Hubo protagonistas casi anónimos en aquel equipo que aportaron mucho. Me acuerdo de Miguel, el central del Rayo Vallecano, un buen jugador, que luego fue conocido así, como Miguel, el olímpico…

—Miguel precisamente fue mi compañero de habitación en el hotel. Un chaval fantástico. Luego estaban los *postobones*, Vidal y Soler, los del Mallorca, que ayudaron mucho a la selección. Les llamábamos así porque entonces estaba de moda ese equipo en el ciclismo colombiano. Eran bajitos como ellos. Y no podemos olvidar al médico Genaro Borrás y al psicólogo García Barrero, que están en nuestro recuerdo, o a fisios como Senén Cortegoso y Miguel Gutiérrez.

—¿Y Ladislao Kubala?

—Un genio. Era como Di Stéfano en el Madrid. Un personaje fascinante. Le encantaba sentarse en el suelo y dar toquecitos al balón. ¡Qué calidad! Nos ayudó mucho, aprendí de sus gestos y de sus vivencias. Pero sobre todo, me enseñó a amar el fútbol.

—¿Disfrutó en el campo con Pep Guardiola?

—Yo hasta entonces no había visto nada igual. Pep me decía «Kiko, dos toques y de cara». Yo me encontraba siempre con balones increíbles. La ponía donde quería. Es entrenador porque lo suyo es vocacional. A Simeone le pasaba igual. Eran entrenadores-jugadores.

Para Kiko esta charla es un viaje en el tiempo, un escenario que domina a la perfección; con una memoria envidiable, recuerda paso a paso todo lo que ocurrió aquella noche de verano en Barcelona. No se le escapa ningún detalle. Ese día entró en la historia del fútbol español. Y también en la del movimiento olímpico. Su nombre está inscrito en *The Complete Book of the Summer Olympics*, de David Wallechinsky, la biblia de los Juegos Olímpicos, el libro que recopila todos los medallistas de la historia y que tienen en su casa algunos deportistas, como Pep Guardiola o Luis Enrique.

Kiko llegó a la concentración de Cervera del Pisuerga (Palencia), previa al torneo, tras disputar la promoción con el Cádiz para mantenerse en Primera. El vértigo del descenso lo salvó ante el Figueres, entonces equipo emergente y entrenado por Jorge d'Alessandro. Ganó el Cádiz por 2-0 en casa y en Figueras quedaron 1-1, con gol de *Mami* Quevedo para el club gaditano. En Figueres jugaban Toni, portero de nueva ola, y Tito Vilanova, ayudante años después de Pep Guardiola en el FC Barcelona y entrenador del equipo azulgrana desde junio de 2012. En esa promoción, Kiko entabló un primer contacto con Toni. Estuvieron enfrente y se volvieron a juntar en la selección olímpica. Kiko dice que eran «los patitos feos» del grupo, chicos sin fama aún, que jugaban en clubes pequeños y que entraron con ganas de comerse el mundo en el grupo de Vicente Miera.

Los demás jugadores eran tipos contrastados. De los que ya ganaban títulos. Desde entonces, fueron «amigos para siempre», como en el himno olímpico de Los Manolos que dio la vuelta al mundo. Toni es el padrino de una de las hijas de Kiko. A Toni se le ve cruzando el campo entero desde la portería para abrazar al goleador. Horas antes se habían apostado que daría una voltereta si veía puerta. Y Kiko lo cumplió. Hizo su pirueta con dignidad en el Camp Nou.

En la vuelta olímpica, a Kiko no se le escapó ningún detalle. Comenzó frío y lúcido el partido. Y lo acabó con más clarividencia si cabe. Fue hacia su gente y desde el césped les mandó un recado. Movió sus manos en forma de círculo imitando los movimientos de un volante. El regreso a casa era duro: 1.284 kilómetros de distancia por carretera. Les pedía calma para el viaje. No había prisa.

Ese matiz con el tiempo se ha convertido en causa de bromas para su cuadrilla. Cuando

La España olímpica del 92 fue una piña. Hubo fútbol, hubo humor y vieron treinta veces *La vida de Brian*, la mítica comedia de los Monty Python.

se reúne en Cádiz con sus amigos de la infancia, los del barrio de La Granja, en Jerez, siempre surge el humor. Y le piden a Kiko que «haga el volante», incluso le reiteran con sorna, «¿Cómo hacías, Pescue —así le llaman con afecto—, en el Camp Nou cuando celebrabas la medalla de oro?» Es un código, una clave interna que solo conocen ellos y que les devuelve a una noche de verano sin sueño. Una noche inolvidable.

Esos amigos fueron durante un tiempo unos privilegiados. Kiko, al terminar la final, pidió las camisetas a sus compañeros de selección. Y se las regaló para que las lucieran ufanos en un torneo de fútbol sala en Jerez. El nombre del equipo tenía su toque. La ya famosa UFRA (Unión de Feos, Raros y Andaluces) presumía con unas camisetas con los nombres al dorso de Luis Enrique, López, Alfonso y compañía. Un lujo. Su madre guarda con celo la medalla de su hijo. Kiko reconoce que con ella está a buen recaudo. Un día la sacó de casa para enseñarla a Michael Robinson en un programa de Canal + y se la dejó olvidada en una silla.

Kiko es un caudal de nostalgia. Comunica y transmite bien su mensaje. Hizo un gol imborrable. Con sus botas negras de Lotto, las

Kiko Narváez celebra su segundo gol contra Polonia, en la final de los Juegos Olímpicos de Barcelona 1992. España consiguió la medalla de oro tras un partido memorable.

Un NH de tres estrellas, donde España tuvo su cuartel general. Sin grandes lujos, funcional, moderno y amable, como requería el carácter del deportista olímpico que se alojaba en la villa de Barcelona.

Un torneo corto, sea una Eurocopa, un Mundial o unos Juegos Olímpicos, pueden cambiar tu rutina. Kiko confiesa que se encontró ágil, suelto, con gol. No era un «matador» ni lo fue

del símbolo verde en el cuero, las primeras que tuvo como profesional. La España olímpica del 92 fue una piña. Hubo fútbol. Hubo humor, vieron treinta veces *La vida de Brian*, la mítica comedia de los Monty Python, película que llevó Pinilla a la concentración. En el vestuario se abrió una botella de champán especial. Se la había obsequiado el hotel donde se alojó el equipo en Valencia, el Ciudad de Valencia, sito en la avenida del Puerto.

nunca. Pero encontró su momento. Eran sus veinticinco días de fútbol, de fútbol con gol. Sus hijas Aitana y Valeria pueden presumir de padre. A menudo, la mayor le pregunta si la medalla es, en verdad, de oro puro. Es del bueno, Aitana, sí; puedes presumir de tu padre. Un futbolista auténtico ●

RAÚL

Old Trafford y el tacón de Redondo

«La jugada de Redondo en Old Trafford es una
de las mejores de la historia de la Champions.»

Raúl González,
excapitán y jugador-leyenda del Real Madrid

Manchester United, 1 - Real Madrid, 3

Ha marcado más de cuatrocientos goles oficiales. Con la izquierda, de cabeza, con la derecha, de volea, de chilena, de tacón, con el muslo, con la rodilla, de falta, de penalti, con el interior, con efecto, de exterior, de puntera, desde fuera del área, desde dentro del área, de cuchara, de saque inicial desde el centro del campo…

Raúl González Blanco ha hecho goles de todos los colores, de estéticas diferentes. Se especializó en abrir la lata, en marcar el primer gol, el más importante, el que tiene la llave de la puerta de los tres puntos.

«He is a legend» ('Es una leyenda'). Así le definieron en Inglaterra y en Old Trafford, «el teatro de los sueños» que bautizara un día Bobby Charlton, donde la fría noche del 19 de abril del año 2000 Raúl dejó su tarjeta de visita. Él solo enmudeció la grada y el estadio tuvo que levantarse a aplaudir.

Camino de la octava, Raúl dejó un aperitivo con un hermoso gol, una comba con la izquierda que «vacunó» a Van der Gouw. Era el minuto 49. Pero la obra de arte estaba por llegar. En el minuto 52, apareció la jerarquía

de Fernando Redondo en todo su esplendor. Fernando se entendía con Raúl solo con la mirada. Eran y son íntimos amigos. Compañeros de habitación, inseparables, auténticos madridistas. Fernando introdujo el código de besarse en la mejilla como símbolo de afecto, cuando se celebra un gol o cuando se da el testigo a un compañero en un cambio en la banda. La costumbre aún persiste en ese y en otros vestuarios.

Redondo y Raúl, futbolistas de otra época, de otro mundo. Redondo es argentino. Raúl, no, pero podría serlo; por su carácter y por su personalidad. Diego Cholo Simeone siempre dijo que el único español con pinta de argentino en el campo era Raúl. Eran, junto a Fernando Hierro, los guardianes de los valores del club. Jamás habrían consentido que su vestuario filtrara una información. Las fugas, los topos, las indiscreciones son de otro siglo, de otros tiempos. En la era de Twitter surgen espacios de confianza distintos. El orden, la cautela, la ética del trabajo fueron argumentos que sembraron Fernando Redondo y Raúl durante sus años de relación laboral en el Real Madrid.

Por eso no es extraño que, en el 1-3, Redondo se echara al costado izquierdo y supiera antes que nadie por dónde iba a aparecer Raúl en el área. Fernando tenía un radar en la cabeza, una inteligencia fuera de lo normal para entender los grandes días, las batallas de verdad. Poseía el espíritu canchero de Buenos Aires. Manejaba hasta las sombras de sus rivales. En estadios con menor calidad de luz, leía el reflejo de la sombra de su enemigo para maniobrar a su antojo.

Siempre se crecía en las grandes citas y esta de Old Trafford era de las soñadas. Vestía de negro esa noche el Madrid. Fernando fue el capitán. No podía faltar su jerarquía y protagonizó una noche memorable, con un regate imposible en la línea de gol. Fue un taconazo en carrera que dejó tirado a Henning Berg, un central noruego que al terminar el año se marchó al Blackburn Rovers. Aquello le pudo pasar factura.

Redondo agarró un servicio inolvidable, buscó la aparición de Raúl, que firmó su segundo gol de la noche. Raúl y Redondo. Redondo y Raúl. Al 7 se le caían los goles del bolsillo. Marcó infinidad de tantos, pero este fue especial. Abría la puerta a la octava Copa de Europa, que ese año ganó el Madrid en París al Valencia, con una nueva exhibición de Raúl ante Cañizares.

Raúl guarda especial cariño de ese gol en Old Trafford. Lo cuenta con pausa, con añoranza, pero feliz por haber podido participar

Raúl: «Antes del partido decíamos "Vamos a disfrutar de este estadio, de la pasión por el fútbol que se vive aquí. Vamos a aprovechar la ocasión".»

en un duelo que luego le abrió las puertas de su segunda Champions League.

—El gol certifica claramente el *feeling* que había entre usted y Fernando Redondo, dentro y fuera del campo…

—Sí, fuimos compañeros de habitación cinco años. Hablábamos mucho de fútbol. Y eso se trasladaba al terreno de juego. Eso se nota en el campo, es evidente.

—Porque, en el momento que él supera a Berg con el regate de tacón, usted… ¿qué piensa?

—En cuanto se fue con esa autoridad del defensa, fui a apoyarle y al ver su salida me fui directo a la portería. Sabía que era gol, que me la iba a poner para empujarla. Llego por sorpresa a definir porque veo claro el gol desde el momento en el que traza el regate.

—¿En qué plano de valor ve usted ese gol?

—Es en mi opinión una de las mejores jugadas de la historia de la Champions, sin duda.

—¿Qué aportó Fernando Redondo al Madrid de esos años?

—Sostuvo al equipo durante todo ese año; lo hizo fenomenal. Fue el inicio de Vicente del Bosque como entrenador; veníamos de una mala etapa y él nos ayudó mucho a superar al

United, luego al Bayern de Múnich y, en la final, al Valencia. Era la octava, una Champions espectacular.

—¿Qué atmósfera impone Old Trafford?

—Un ambiente maravilloso. Antes del partido, decíamos «Vamos a disfrutar de este estadio, de la pasión por el fútbol que se vive aquí. Porque igual no volvemos nunca más en la vida. Vamos a aprovechar la ocasión». El público apretó tanto que, si el partido dura un poco más, nos ganan. Fuimos 1-3, luego 2-3; la gente empujando en la grada. Iker Casillas hizo buenas paradas.

—Fue un pasaporte para la octava lo de esa noche…

—Aquel día nos dimos cuenta de verdad de que podíamos ganar la Champions. Entonces el equipo no tenía grandes fichajes, grandes estrellas, pero disponíamos de un gran colectivo; era un equipo competitivo. Ese tipo de encuentros Madrid-United tienen gran repercusión a nivel mundial. Es como si jugaras un partido de Eurocopa o un Mundial. Lo ven en todo el mundo. Y desde luego ese encuentro es inolvidable para mí y para todos los madridistas.

Redondo tiró del equipo con tesón. Tuvo enfrente a dos tipos de cuidado como Roy Keane y Paul Scholes. Keane apareció con pinta de marine norteamericano, con el cuchillo entre los dientes, y Scholes fue durante muchos años el jugador más admirado por la nobleza del vestuario del Real Madrid. Raúl le admiraba, igual que Redondo. Y Guti. Y Míchel Salgado. Y los demás. Paul Scholes tuvo durante su carrera un protagonismo en las tertulias de los jugadores del Real Madrid. Algunos le llamaban, con cariño, «el lechero» por su imagen de pelirrojo con la tez pálida.

Raúl: «Aquel día en Old Trafford nos dimos cuenta de verdad de que ese año podíamos ganar la Champions League.»

Un estereotipo que a veces se ha visto en las películas.

El Madrid fue capaz de tumbar con solvencia al United con Scholes, con Giggs y con Beckham en el campo. Una hazaña. En el santuario de Old Trafford. *Sir* Alex Ferguson, el técnico del United, respeta la grandeza del Real Madrid desde el año 1960. Es escocés. Y en Glasgow el Real Madrid es patrimonio de la humanidad desde que ganó la famosa Copa de Europa ante el Eintracht de Fráncfort (7-3). *Sir* Alex vio aquel festival. Di Stéfano y Puskas lo bordaron. Desde entonces, el Madrid no salió de la vida de Ferguson.

En la conferencia de prensa postpartido, *sir* Alex Ferguson alabó a Iker Casillas, un niño entonces de dieciocho años que sacó balones de gol a Yorke, Keane y Beckham. Esa noche disfrutó todo el mundo. Incluido el árbitro. Pierluigi Collina fue un colegiado muy querido por Raúl. Hablaban el mismo idioma: el del fútbol. Intercambiaban opiniones antes de los partidos. Collina era un atleta. Amaba el fútbol. Y respetaba a los futbolistas. Sabía quién era quién. Conocía los sistemas tácticos. Era diplomático. Y caía bien, muy bien. Sus calentamientos previos en el césped, junto a sus asistentes, delante de los jugadores, eran de deportista profesional.

El vuelo de regreso a Barajas fue inolvidable. Para el Real Madrid y especialmente para mí. Redondo y Raúl eran y son mis amigos. Personajes importantes en mi vida. Se sentaron juntos en el avión. Y me invitaron a estar a su lado durante el viaje. Un privilegio. Repasamos el partido de arriba abajo. Del minuto uno al último. Lo contaban con pasión, con felicidad. Redondo tomaba la palabra.

—La primera vez que oí hablar del Real Madrid fue a mi padre. Cuando era niño, él me hablaba de Alfredo di Stéfano y de sus Copas de Europa. Por eso, para mí, levantar este título me hace especialmente feliz. Yo sabía que el Real Madrid era algo muy grande por los éxitos de Di Stéfano. Por eso, poder ofrecerle a mi padre este título, el mismo que levantara don Alfredo, era un reto, un desafío repleto de añoranza.

Raúl fue el autor del tercer gol al Manchester. El siete remató la gran jugada de Redondo, una de las mejores de la historia de la Champions League.

En ese momento, me acordé también del padre de Raúl, Pedro González. Su oficio de electricista le permitió ser una de las personas que instaló el alumbrado, los focos del estadio Bernabéu. Gracias a él y a los compañeros de su empresa, Di Stéfano,

Puskas y Gento podían deleitar al personal con las noches de fútbol internacional. Unidos por un denominador común, el nombre de don Alfredo di Stéfano siempre aparece en las vidas de la gente que ha gozado del fútbol de verdad.

Fernando Redondo lo soñaba. Había participado en la séptima y le faltaban unas semanas para levantar la octava en París. Entretanto, el pasaje cenaba. La Peña Los Dos, integrada por Juan Antonio y Federico, dos tipos entrañables, desprendidos y amantes del universo Real Madrid, obsequiaban a la expedición con jamón ibérico. La cena de Iberia quedaba para otra ocasión.

En el United jugaron Van der Gouw, Gary Neville, Stam, Berg, Irwin, Beckham, Keane, Scholes, Giggs, Yorke y Cole. En el banquillo se sentaron Culkin, Butt, Sheringham, Phil Neville, Jordi Cruyff, Solskjaer y Silvestre. En el Madrid: Casillas, Míchel Salgado, Karanka, Iván Campo, Roberto Carlos, McManaman, Redondo, Helguera, Savio, Raúl y Morientes. En la reserva: Illgner, Dorado, Anelka, Baljic, Geremi, Karembeu y Julio César.

Raúl firma tantos de todos los perfiles.

Raúl: «Este tipo de encuentros Madrid-Manchester tienen gran repercusión a nivel mundial. Es como si jugaras un partido de Eurocopa o un Mundial.»

Los goleadores son depredadores. Si no ven puerta no alcanzan el estadio ideal de la felicidad. De chaval, llegó a marcar ocho en un mismo partido, en un 25-0 en la Ciudad Deportiva. O diez él solo, con el infantil del Atlético. Al Orense, en esa etapa, le sorprendió con el saque inicial. Desde el centro del campo, abrió el marcador. Raúl ha alcanzado todos sus sueños. Se acuerda de casi todos. Su retentiva es prodigiosa.

Del primero que le hizo al Atlético de Madrid en el Vicente Calderón, a su balón picado contra el Schalke, elegido mejor gol de Alemania en 2011, pasando por su «palanca» a Ablanedo ante el Sporting; la noche que mandó callar al Camp Nou, su *aguanís* en Tokio o su galopada de París en la octava. Todos sumaron, ayudaron a ganar títulos. Pero si nos quedamos con uno, por su valor en aquel momento, y la autoridad con la que tumbó el Madrid al Manchester United, la conexión con Redondo en Old Trafford siempre estará en la retina de los locos del fútbol ●

ZIDANE

La novena

«El gol de Glasgow le dio descanso mental.
Zidane vino al Real Madrid para ser campeón de Europa.
Por eso lo celebró con tanta rabia. Misión cumplida.
Tenía un 45 de pie, pero su control y su elasticidad eran de otro mundo.»

FERNANDO HIERRO,
capitán del Real Madrid en ese año 2002

REAL MADRID, 2 - BAYER LEVERKUSEN, 1

*P*ierna derecha recta, firme, como si fuera una palanca. Atornillada a la hierba. Pierna izquierda arriba, flexible, de goma. Golpeo violento y un balón inocente, que cae del cielo como un globo, tras un centro «churro» de Roberto Carlos, acaba en la portería del Bayer Leverkusen. Es el 2-1. Un gol que da al Real Madrid la novena Copa de Europa. Año 2002.

Toque de balón. Como si fuera un péndulo. Izquierda, derecha. Izquierda, derecha. El centro de formación de Cannes fue clave en su vida. Para llegar a ese instante excelso en Hampden Park, es vital su paso por Cannes de la mano de Jean Varraud. Él fue quien convenció a los padres de Zidane para aceptar el cambio de vida, de Marsella a Cannes, e ingresar en su academia. También cuenta su compañero Richard Bettoni, con quien aprendió a ser ambidiestro de tanto tocar y pasar en corto.

Fernando Hierro fue testigo privilegiado del gol. Detrás de ellos, en plan mariscal, rescata la pared de Solari con Roberto Carlos, previa al pase de Zidane. «Es un mal servicio de Roberto porque llega justo, le apretaba un defensa; por eso es un balón llovido, donde Zidane describe un gesto de tal plasticidad, tan coordinado y de una belleza… jamás vista.»

—Zizou es diestro…

—Siendo derecho a la gente le sorprende la precisión que tiene con el otro pie. Y es que su volea de zurda es mucho más violenta que con la pierna buena. Antes de bajar la pelota ya tiene el gol en la cabeza; luego la pone en la escuadra y es de esos goles que dices «apaga y vámonos». Pita ya, que esto se acaba.

—¿Cómo puede un deportista tener ese perfil de caucho, capaz de doblarse así, midiendo 1,86?

—Zidane tiene poca masa muscular, es muy fibroso; estiraba mucho, necesita mucha hidratación jugando; nunca vi a un futbolista beber tanta agua. Cuenta con un cuerpo privilegiado. Tiene un pie grande y eso no suele ser el mejor factor para el control, pero su elasticidad es descomunal.

—¿Qué le llamó la atención de Zidane en su primera charla con él?

—Su ilusión por ser campeón de Europa. Venía de perder contra nosotros la final del 98 en Ámsterdam; también perdió con la Juventus otra ante el Borussia de Dortmund, y sabía que el Real Madrid era el último tren que le podía acercar hacia esa Copa de Europa, el título que le faltaba. Ya era campeón del mundo con Francia, pero la Champions era su asignatura pendiente. Había llegado Figo el primer año de la nueva era; él era el segundo de los fichajes entonces denominados «galácticos». No paraba de preguntar si podíamos ser campeones. Nosotros éramos como éramos entrenando, pero yo le dije: «Tranquilo, Zizou. Este es un equipo ganador. No te preocupes; en los momentos de la verdad, este equipo aparece. Y es campeón». Nuestro objetivo era que se acoplase lo antes posible. Se sentía arropado y admirado por la plantilla. Rodeado de Figo, Roberto Carlos, Raúl. Nosotros le veíamos entrenar y decíamos: «No, no es posible lo que acabo de ver». Solo le gustaba ganar.

Fernando Hierro:
«Zidane sabía que el Real Madrid era el último tren que le podía acercar a esa Copa de Europa, el título que le faltaba por conseguir.»

Javier Miñano fue su preparador físico en el Real Madrid, antes de acompañar a Vicente del Bosque hacia el título mundial con la selección española en Sudáfrica. Maneja parámetros del día a día de Zizou, de sus días pletóricos y de momentos complicados en los que el futbolista francés apelaba al trabajo extremo para superar un bache.

—En el gol, Zidane despliega argumentos físicos que no se sabe si son genéticos o labrados desde el esfuerzo. Esa es la duda…

—En su famoso gol, el gesto técnico lleva un componente de elasticidad muy alto. Ese grado es genético. Nace con él, pero lo curioso es que lo cultiva. Morfológicamente lo tiene, no lo descuida, pero tiene un bagaje técnico al que suma un grado de improvisación muy grande. Y de decisión. Además, es muy versátil. No es quizás acertado compararlo, pero me recuerda la acción de Zidane a otra muy conocida de Xavi con la selección española. Es un control muy arriba, en el que Xavi pincha el balón y lo duerme, formando un dibujo de ángulo abierto. La pregunta sería: «¿Qué viene antes, el trabajo elástico o la técnica individual?» Zidane siguió siempre con su trabajo técnico. Si la jugada de Glasgow la hubiese hecho por primera vez, o se hace daño o no habría llegado a la pelota. Xavi, por ejemplo, si le ves en cualquier calentamiento tiene siempre un movimiento balístico alto, con grado de amplitud. Zidane no cultivaba esos gestos siempre, pero sí existían en su repertorio. Lo tiene dentro. El talento técnico propicia que ese rango de movilidad siga abierto.

—¿Cómo salía Zidane de los tiempos difíciles?

—Siendo un profesional ejemplar. De sus malos momentos de rendimiento salía con un trabajo físico exhaustivo. Apelaba al sufrimiento físico para corregir sus desajustes. Él conocía su cuerpo, se conocía muy bien. Había pasado por la Juventus y aquel tipo de entrenamiento le marcó. Al llegar a la Juve terminaba sus partidos sin un rendimiento alto. Cuando sale de Italia, acaba los encuentros ya con un rendimiento homogéneo. Cada vez que intuía, ya en el Real Madrid, que no iba bien, él recuperaba la autoestima con una carga mayor de trabajo, con un plan que a él psicológicamente le aportaba bienestar.

Zidane dio el sí al presidente del Real Madrid en una gala de la UEFA en Mónaco. Florentino Pérez le pasó una servilleta, de mesa a mesa, en la que le preguntaba por escrito si quería jugar en el Madrid. Zidane no dudó. A cambio de setenta y cinco millones de euros, llegó al Real Madrid, en un traspaso que en la época llegó a ser el más caro de la historia. Culebrón incluido en la negociación y con cien días en las portadas de los periódicos. Las servilletas funcionan en el fútbol. Leo Messi también vio cerrado su compromiso con el FC Barcelona en otra con la firma de Carlos Rexach. De lo contrario, hubiera vuelto con sus padres a Argentina.

En Francia, el fútbol tardó realmente en ser un deporte popular, bien visto por la población. En 1975, el Saint Etienne comenzó a romper el hielo. Llegó a una final de la Copa de Europa ante el Bayern de Múnich. Perdió, pero la gente se echó a la calle para recibir a aquel mítico equipo con Piazza, Rocheteau, Bathenay, Larqué, Janvion, Ćurković, Santini… Miles y miles de aficionados recibieron al equipo en los Campos Elíseos de París.

Aquel equipo desplegaba empatía entre la gente. Por eso enganchaba a muchos futbolistas. Michel Platini jugó allí tres temporadas (1979-82). «Es un club que respira bondad», según él. Ciudad de provincia, minera; con gente que ama el fútbol. Les Verts sedujeron a menudo a las promesas que soñaban con algo grande, como Platini, que dejó su AS Nancy por el Saint Etienne de la época, que vestía Le Coq Sportif y anunciaba RTL en su camiseta.

Platini me confirmó una vez a los postres de un almuerzo la historia que un día contó Christine Ockrent en Francia. Tenía diecinueve años y necesitaba una partida de nacimiento. Fue al ayuntamiento de Nancy. La funcionaria le preguntó su profesión. Y él respondió «futbolista». La empleada le cuestionó de nuevo. «Perdón, le pregunto por su verdadero oficio». Platini, orgulloso, le repitió: «Futbolista». La vehemencia del juvenil Platini retumbó al otro lado de la ventanilla.

Y es que Francia no vivía la pasión convertida en religión que puede llegar a ser el fútbol en Italia o en España. El campeonato del mundo conquistado por Francia en el 98, la aparición de Zidane y una generación inolvidable incrementaron el valor de un producto que curiosamente siempre fue bien gestionado en Francia. Sin ser el fútbol lo más importante de lo menos importante, como sucede en otros países, Francia siempre fue protagonista.

Raymond Kopa, hijo de mineros polacos; Michel Platini, hijo de un profesor de matemáticas de origen italiano, que aprendió de fútbol en las tertulias del café que regentaban sus abuelos; y Zinedine Zidane, de origen argelino, ilustran la influencia emigrante en el fútbol francés. Los tres son campeones de Europa. Los tres disfrutan en su casa de su Balón de Oro.

Elasticidad, técnica y osadía: uno de los mejores goles de una final de Champions.

Kopa, como Zidane, jugó en el Real Madrid. Kopa formó delantera con Alfredo di Stéfano. Y, al igual que Zizou, publicitó varias marcas. Zidane es hombre Adidas. Recomendó Louis Vuitton y algunas ópticas en Francia. Algunos años atrás, en el inicio de la década de los cincuenta, Kopa también hacía publicidad de empresas, aunque no fueran multinacionales, en los faldones de los periódicos: *Faites comme Kopa. Mangez bien, mangez bon. Mangez des biscuits Rogeron.* Buena rima en francés. En castellano, 'Hagan como Kopa. Coman bien, coman calidad. Coman galletas Rogeron'. Kopa fue un precursor del futbolista como imagen publicitaria. Zidane todavía es un icono del marketing varios años después de su retirada.

Zidane, después de Kopa, fue el segundo gran futbolista francés en triunfar en el Real Madrid. Christian Karembeu también ganó una Champions, la séptima, con el Real Madrid pero bajo otro perfil. Zizou llegó como una estrella. Y se marchó convertido en un símbolo del club. En solo cinco años. Poco tiempo para dejar huella. Pero él lo hizo. Y su gol en Glasgow se expone aún al público en los videomarcadores del estadio Bernabéu, antes de salir el Real Madrid al césped.

Zizou es un tipo puntual. Dice que la puntualidad es la primera virtud del manual de la cortesía. Quizá por eso recuerde que su gol llegó a las 21 horas 29 minutos del 20 de mayo de 2002. Y también por eso le gustan los relojes. Perdió su primer reloj serio el 6 de febrero de 1991. ¿También tiene memoria de elefante? No. No es eso. Ese día extravió el reloj en Cannes jugando con unos amigos en la nieve, pero también conoció a su mujer, Veronique. Para él, por tanto, es un día inolvidable. Promocionando su reloj IWC en Sportstyle, Zidane descubrió un día que fue en Italia donde se introdujo en la cultura del reloj. Fue Giovanni Agnelli, el presidente de la Juventus, quien le abrió ese mundo. Cuando l'avvocato aparecía en un entrenamiento, todo el mundo dejaba de jugar. Algo así como cuando los niños se levantaban en el colegio al entrar el director.

Agnelli tenía carisma. Era diferente. Lucía su reloj por encima de la manga de su camisa. De su mano derecha. Agnelli le dijo que el reloj se lleva en la derecha, nunca en la izquierda. Y como una máquina del tiempo perfecta, el presidente siempre le llamaba a las seis de la mañana para felicitarle si la Juve había ganado. Se acostaba a las cuatro de la madrugada de vuelta de un viaje de Champions, pero a las seis en punto, totalmente dormido, Zidane levantaba el teléfono y agradecía la deferencia. Para eso era el jefe. Y quería hablar con su estrella.

Zidane, de origen humilde, fue progresando poco a poco en el fútbol profesional. Tras marcar su primer gol con el Cannes, su presidente, Alain Pedretti, con el apoyo de su entrenador, le regaló un coche: un Renault Clio de color rojo. Cuando era niño y jugaba en su barrio, en La Castellane de Marsella, Zidane jugaba torneos de amigos en la plaza Tartane. En una caja metían lo que podían. Uno o dos francos. Y quien ganaba, se llevaba el bote y el trofeo especial, la «copa»: una botella de plástico, revestida con papel de aluminio. Eso le daba glamur a la botella. Cuando Zidane ganó un Mundial o la Champions, cada vez que levantó con felicidad una verdadera copa, y dejó sus goles para el recuerdo, siempre se acordó de la primera. De la que levantaba en su barrio. La de papel Albal ●

> Zizou dice que la puntualidad es la primera virtud de la cortesía. Quizá por eso recuerde que su gol llegó a las 21 y 29 del día 20 de mayo de 2002.

FORLÁN

El Jabulani de oro

«El balón fue muy criticado por los porteros en el Mundial.
Yo me acostumbré lo más rápido que pude.
Fueron horas y horas de golpeo, tacto y control. Anoté cinco goles.
Yo no puedo quejarme. El Jabulani me dio la alegría de mi vida.»

DIEGO FORLÁN,
Balón de Oro en el Mundial de Sudáfrica y autor del mejor gol del torneo

URUGUAY, 2 - ALEMANIA, 1

*D*iego Forlán tenía diez años. Rubio, fibroso y muy rápido, con una coordinación muy por encima de los niños de su edad. Ya prometía ese chico de ojos azules, que disparaba a puerta con la misma insistencia y tenacidad con las que hacía preguntas a todo el que le quisiera escuchar, con ese afán propio de la edad. Por aquel entonces le escribió un decálogo a su madre con los argumentos necesarios para ser un gran futbolista y disputar un Mundial. En esa época, nadie podía imaginar que un Campeonato del Mundo se podía celebrar en África.

Ese niño quería ser más que un gran jugador. Quería ser el mejor del mundo, el número uno de la lista. Dedicación, entrega, sacrificio, calidad técnica o control de la pelota eran algunas de las condiciones imprescindibles para conseguirlo, que el pequeño había anotado en ese papel y en su cabeza.

La sorpresa se la llevó cuando descubrió, en el monedero de mamá Pilar, ese pedazo de papel firmado con su puño y letra veinte años después. Su madre lo guardó desde ese momento como un tesoro y un buen día,

cuando se lo enseñó, Diego Forlán no se lo podía creer.

Desde crío, el padre de Forlán —también futbolista de renombre en Uruguay— insistió a Diego en golpear al balón con las dos piernas. En un frontón, cerca de su casa, le pegaba durante horas alternando la izquierda y la derecha. Y los sábados lo hacía en el campo de césped natural del club de fútbol de su Montevideo natal. Mientras Diego jugaba al fútbol y ponía en práctica el golpeo, algo vital en su carrera deportiva, sus padres aprovechaban para comprar fruta en la feria que ponían justo al lado.

Esa obsesión por ser ambidiestro, que rentabilizó en el Mundial de Sudáfrica para conseguir el Balón de Oro y ser el máximo goleador junto a Thomas Müller, Wesley Sneijder y David Villa, hizo que hasta el mismísimo *sir* Alex Ferguson, después de ficharle para el Manchester United, le preguntara cuál era su pierna buena. Le daba igual con las dos. *Sir* Alex nunca vio nada igual. Hasta ese momento, solo los futbolistas de la escuela del Ajax estaban educados en esa virtud.

En 2010, Diego Forlán disputó su segundo Campeonato del Mundo. Había participado en el de Corea y Japón en 2002, donde marcó, contra Senegal, uno de los goles más bonitos del torneo; pero el paso de Uruguay por ese torneo fue más fugaz de lo que él hubiera querido.

«No hay nada más grande que un Mundial; disfruta y aprovecha cada instante, cada momento.» Esta frase se la repetía una y otra vez durante su estancia en tierras africanas, siempre pegado a un libro en sus ratos muertos. Unas veces leyendo sobre historias de superación personal, basadas en hechos reales. Otras, simple lectura para pasar el rato. Y, pese a no ser su primera gran cita mundialista, su experiencia resultó singular. Solo así se puede sentir algo tan grande como lo que le pasó en esas semanas.

Mucha gente se sorprendió de que Uruguay llegara tan lejos, que alcanzara ese partido por el tercer y cuarto puesto. Diego Forlán no. Según el delantero, en el fútbol actual ya no se vive de los nombres, del escudo o del color de la camiseta. Es tal el grado de competitividad que cualquiera puede ganar. Desde el primer día intuyó que iban a hacer algo grande. De hecho, poco antes de comenzar el campeonato habló en el vestuario y les dijo a sus compañeros: «Muchachos, nadie apostaba por el Atlético de Madrid en el mes de enero y fuimos campeones de la Europa League. ¿Por qué no nosotros? Si vamos partido a partido, lo podemos conseguir».

Eso fue lo que sucedió. Primero superaron la fase de grupos con México, Sudáfrica y Francia, después el partido de los octavos de final contra Corea del Sur y esos cuartos ante Ghana. Cuando en el último minuto ante los africanos les pitaron penalti y expulsaron a Luis Suárez, Forlán se vio fuera. Se quedó en el centro del campo sin saber qué hacer. No quería ni mirar. De hecho, no lo hizo. «Se acabó la película», pensó. Pero cuando se dio cuenta de que Gyan no acertó desde los once metros supo que iban a ganar.

Después llegó la derrota en semifinales contra Holanda. Le quedó un poso amargo, vacío. Sabía que habían firmado un expediente intachable para llegar hasta ahí, pero también sabía que habían perdido una oportunidad única de jugar el partido más grande de sus vidas. Y, en una final, cualquier cosa puede pasar. «Si se te pone el partido de cara puedes convertirte en campeón del mundo. Estás a noventa minutos.» Pero no llegaron.

No pudieron llegar hasta el gran partido, pero tuvieron la oportunidad de disputar el tercer puesto a los alemanes, que habían que-

Forlán: «Solo tendría una oportunidad. Debía golpear el balón sin control previo. Tomó la dirección que yo quería. Botó en el césped y entró.»

dado eliminados por la futura campeona: España. Fue en ese partido contra Alemania cuando Forlán marcó el gol más bonito del torneo, aclamado por votación popular, y quizás el mejor de su carrera deportiva.

Ese día, cuando se levantó por la mañana, tenía sensaciones enfrentadas. Estaban luchando por el podio, por la medalla de bronce, pero no podía quitarse la final de la cabeza. La rutina diaria fue la misma. Se levantó y fue directo al desayuno. No es Forlán de muchas palabras por la mañana, y menos en un día de partido. Mejor no rondarle mucho en esos momentos. Su cabeza es una computadora. Lo analiza todo. Desde por dónde se lanza el portero en un penalti hasta las características propias del defensa que le va a cubrir. Si es zurdo o diestro. Si va bien de cabeza o saca bien el balón controlado. Todo lo registra.

De hecho, para llegar a Sudáfrica, Uruguay tuvo que sortear una durísima fase de clasificación. A falta de dos jornadas para concluir, la celeste viajó a Ecuador, donde tenía que ganar sí o sí. En el minuto 93, con empate en el marcador y con un pie fuera de Sudáfrica, a Uruguay le pitaron un penalti a favor. Forlán asumió la responsabilidad. Entrar o no entrar en la historia del fútbol. Esa era la cuestión.

Y en ese momento solo le obsesionaba un dato: la altura. El partido se jugó en el estadio Olímpico Atahualpa a 2.800 metros sobre el nivel del mar. Si le pegaba un poco, solo un poco más fuerte de lo necesario, el balón se iría arriba como si se tratara de un partido de rugby. Efectos de la presión atmosférica. Tomó distancia y golpeó con calidad. El balón fue a la escuadra. Forlán anotó y eso le valió a su selección seguir viva y, posteriormente, llegar a Sudáfrica.

Aquel dato es relevante. ¿Por qué? Porque asoció ideas con respecto al tacto sutil que requería ese balón. Era una pelota especial, ligera. Se habló mucho de su naturaleza durante todo el Mundial.

Ese 10 de julio, la fecha en la que iba a luchar por el tercer y cuarto puesto, justo después del almuerzo, se fue a descansar para ahorrar fuerzas. Llegaron todos justitos a ese último partido de la competición. Solo los que han jugado un torneo de esta envergadura lo saben. Cuando entraron al estadio pensó que podía ser un gran día. Estaba lleno y enfrente tenían a Alemania. Solo por el hecho de jugar en un campo cuyo nombre era Nelson Mandela, ante 84.000 espectadores, le daba aire de grandeza al duelo.

Ya con empate a uno en el marcador en el minuto 50, el centro del campo uruguayo robó un balón y se marcharon como flechas hacia la portería rival. Cuando Arévalo se fue por la banda, Forlán, que corría en paralelo a su compañero y ya estaba a tres metros del área, supo que era su oportunidad.

Arévalo hizo la pared con Luis Suárez y centró. Él estaba medio metro dentro del área. Tenía cerca a Mertesacker, central alemán de físico imponente. Entendía que no podría controlar la pelota. Tenía que pegarle según le venía.

Y en cuanto el balón se fue acercando pensó de inmediato en cómo enganchar el Jabulani, el balón de Adidas, para que fuera a portería. La idea era que no se marchara arriba. «Entre los tres palos», confesó poco después Forlán.

—¿Cómo recuerda esa jugada?

—Vi que Arévalo robaba el balón y sabía que antes o después podía llegarme la pelota. En cuanto centró, tenía claro que solo tendría una oportunidad. Debía golpear al balón sin control previo. Y así lo hice. Tomó la dirección que quería. Botó en el césped y entró. Recuerdo que coloqué el cuerpo en una posición bastante forzada. Hice palanca para que no se fuera arriba. El balón me venía desde el lado derecho y era fácil que se marchara alto. La enganché de media volea.

—Ese balón era el temido Jabulani…

—Sé que fue muy criticado, sobre todo por los porteros. Yo me acostumbré lo más rápido que pude. Fueron horas y horas previas hablando con mi padre y mi hermano de la forma en la que golpear a la pelota. Sesiones de tiro a puerta para tener toque y control. Al final anoté cinco goles; así que yo no puedo quejarme. El Jabulani me dio la alegría de mi vida.

—¿Cuándo es consciente de que ese balón va a ser gol?

—Vi que pillé al portero, Butt, a contrapié. Como si se tratara de un partido de tenis. Mientras él iba hacia la derecha, el balón pasó por la izquierda. No tuvo tiempo de reaccionar. En cuanto el balón botó me di cuenta de que iba a ser difícil que lo parara, porque agarró mucha velocidad.

Ese tanto era el 1-2 a favor de Uruguay y el quinto en el Mundial que marcaba el 10 uruguayo. Es curioso el baile de números que ha vivido a lo largo de su carrera. No podría relacionarse a Forlán con uno en concreto, pero todos tienen una tremenda carga psicológica para él. Debutó para Independiente de Avellaneda con el 32, cifra que consiguió en goles al conquistar su segunda Bota de Oro, ya en el Atlético de Madrid.

En su primera aventura en España lució el 5 en el Villarreal en honor a su hermano Pablo, medio centro en su etapa de jugador, el 7 en el Atlético y el 9 en el Inter de Milán. Siempre que puede luce números impares. El 10 con su selección es la excepción, y por razones obvias, por esa carga emotiva y senti-mental que tiene ese dorsal en los Mundiales. Forlán es muy de mitos. Y de respetar los có-digos de la historia del fútbol. Es un jugador de siempre, de los de toda la vida.

—¿Antes de un partido se tiene claro si el día te viene de cara, si vas a marcar?

—Siempre confías en ti mismo y en mar-car, aunque luego el partido va determinán-dolo todo. Durante el calentamiento de ese día visualicé varias jugadas en mi mente. Estaba seguro de que iba a marcar y que podíamos hacerle daño a Alemania.

—Supongo que son muchas las ideas que se agolpan en la cabeza de un futbolista antes de disputar un partido en un Campeonato del Mundo…

—Es cierto. Me venían a la mente una cantidad tremenda de imágenes. De cuando estaba en el frontón de mi casa en Uruguay golpeando al balón con las dos pier-nas, bajo la supervisión de mi padre. Yo por aquel entonces quería ser portero, pero él me convenció de ser delantero y marcar goles.

—Y las palabras de César Luis Menotti, el entrenador que le hizo debutar en el fútbol profesional, con Independiente en Argentina…

—También es cierto. Siempre me decía

Menotti: «Puede cambiar la dirección del balón, un rebote, un resbalón, un defen-sa que tapa al porte-ro… pero a puerta. Dispara a portería.»

que tirara entre los tres postes, siempre a portería. «Si va ahí puedes marcar, puede cambiar la dirección del balón, un rebote, un resbalón, un defensa que tapa al portero… pero a puerta. Dispara a portería.» Siempre le estaré agradecido.

—Ese gol no sirvió para que Uruguay consiguiera el tercer puesto (3-2 para Alema-nia), pero al menos le queda el consuelo de haber sido votado como el mejor de la competición…

—Fue una ilusión añadida. Horas antes se había anunciado que me concedían el Balón de Oro al mejor jugador del Mun-dial y todos mis compañeros lo vivieron como si fuera propio. Estaba sentado en el cabecero de la cama cuando un amigo me lo dijo con un mensaje.

Minutos después, el resto de jugadores estaban en mi habitación. Para celebrar ese Balón de Oro, nos tiramos todos a la piscina. Porque, al igual que el premio al mejor gol del Mundial, este era el fruto del trabajo de toda la selección uruguaya. Estos dos trofeos fueron, son y serán para todo el paisito de Uruguay •

SERGIO RAMOS

A lo Panenka

«De chaval, en mi barrio, tiraba penaltis como Panenka.
"¿Me atreveré algún día a lanzarlo en un partido oficial?",
pensaba a menudo. Ante Portugal, lo tenía planeado.
Mis íntimos lo sabían. Yo me alegré por mi familia, por mi gente,
que había sufrido mucho la noche del Bayern de Múnich.»

SERGIO RAMOS,
defensa del Real Madrid y de la selección española

ESPAÑA, 0 - PORTUGAL, 0

Sergio Ramos es un líder. En las empresas hay líderes con cargo y líderes sin tarjeta de visita. Ahora tiene galones de oficial, pero hubo un momento en su juventud donde Sergio era un aprendiz, pero con personalidad. Ramos es un ejemplo de futbolista magistral que nunca pasa inadvertido en un vestuario. Es un hombre de empresa. Y junto a Iker Casillas, la esencia pura de la multinacional Real Madrid.

Creció al lado de los más grandes. De Fernando Hierro y de Raúl González aprendió a salir el último del vestuario al final de los partidos. Una vez comprobado que todo está recogido, que los utileros y los compañeros no han olvidado nada en la caseta. Ahora, disfruta con Iker la época más laureada de la selección española, el mejor equipo de todos los tiempos, tras superar en duración e intensidad al Brasil de la década de los setenta.

Sergio es muy español. Luce muñequera con la bandera rojigualda en su mano izquierda. Sevillano, nacido en Camas, Joaquín Caparrós le hizo debutar siendo un niño en el Sevilla FC. Y con diecinueve años ya se estrenó en la selección absoluta en marzo de 2005. En Salamanca y frente a China, en el estadio El Helmántico.

De ese instante imborrable hasta el verano de 2012, en la Eurocopa de Polonia y Ucrania, hay un camino hermoso para Sergio, que culminó en la semifinal ante el equipo de Portugal, liderado por Cristiano Ronaldo. Ese fue su gran día, en una tanda de penaltis antológica. Tiró el cuarto con seguridad, con suficiencia, a lo Panenka; un balón que superó a Rui Patricio. Un alivio ante el quinto penalti de Cesc Fàbregas, un impulso de talento de Sergio que ayudó a poner a España en la gran final de la Eurocopa.

Superada la fase de grupos —ante Italia (1-1), Irlanda (4-0) y Croacia (0-1)— y los cuartos de final contra Francia (2-0), llegaba Portugal como aspirante a las semifinales. Y 0-0 al término de los noventa minutos, en el Donbass Arena de Donetsk (Ucrania), el 27 de junio de 2012.

Había dominado España como siempre. Su posesión fue de un 65 por ciento, frente al 35 de Portugal. Partido imperial de Piqué, Xabi Alonso y Busquets. Y en la tanda de lanzamientos, Rui Patricio le detiene el suyo a Xabi; Iker responde anulando el suyo a Moutinho; Iniesta y Pepe cumplen; Piqué y Nani también anotan. Y llega el cuarto. El de Sergio Ramos. Un penalti distinto. Especial. Justo dos meses antes, en la vuelta de las semifinales de la Champions League, a Sergio se le había ido arriba una pena máxima. Pasó el Bayern de Múnich a la final. Y a Sergio le cayeron muchos palos, especialmente en las redes sociales, con mofa incluida. No así entre la gente del fútbol, que conoce la capacidad de aguante, exigencia y profesionalidad de Ramos. Nadie podía dudar que ese penalti frente al Bayern, ante Manuel Neuer, iba a contar con su revancha.

Sergio, minutos antes de la tanda ante Portugal, pidió a Vicente del Bosque tirar uno. Los técnicos ven el cielo abierto cuando se encuentran con un futbolista con determinación. Algunos, y muy famosos, se han escondido a lo largo de la historia. Y es legítimo. Porque no engañan. Igual que es obligatorio poner en valor a los futbolistas audaces como Sergio, quien días antes ya había advertido de su reto a Del Bosque. «Si tengo uno, lo tiro a lo Panenka», le dijo. El míster, también con humor, le vino a contestar que llegado el momento no se atrevería.

Antonin Panenka fue un futbolista creativo, nacido en Praga en 1948. En la final de la Eurocopa de 1976, con Alemania Federal enfrente, tuvo el coraje de vacilar a Sepp

Sergio Ramos: «Se me pone el vello de punta con solo pensarlo. Ese era un penalti que te marca para siempre tu vida. Para bien o para mal.»

Maier con su penalti. Su gol dio el triunfo a la entonces selección de Checoslovaquia. Un título recordado. Y mil veces expuesto. Panenka, con clase, engañó a Maier con una vaselina que entró por el centro de la portería.

Algunos opinan que ese gol es un brindis al sol. Nada más lejos de la realidad. Panenka no se ha cansado de afirmar que ese toque no es casual; que es el fruto del trabajo y la repetición, no de la improvisación. Pelé llegó a decir un día que, para lanzar un penalti de esa manera, hay que ser un genio o un imbécil. Y Panenka sostiene que entonces él «es un imbécil».

Lo cierto es que el apellido Panenka forma parte del diccionario del fútbol. Tiene *copyright*. Dejar un legado no es sencillo. Y Panenka lo hizo. Su nombre incluso da el título a una revista de fútbol de nueva factura, bien escrita por un grupo de periodistas que intentan algo diferente en el periodismo deportivo. En su número uno, Panenka reconoce que, de haber fallado su famoso penalti, el régimen comunista de la época habría truncado su carrera como futbolista. Ahora sería tornero. Lo tiene claro Panenka.

Y más cristalino aún Sergio Ramos. Con sus botas Nike bicolores (blancas en el empeine y negras en el tacón) y su sello SR15, sus iniciales y el dorsal que lleva en el equipo nacional. Sergio es detallista y muy cercano a su familia. Llevó el nombre de sus padres, José María y Paqui, inscrito en el cuero de sus botas. Ahora muestra el de sus hermanos, René y Miriam, siempre pendientes de él. Relajado y tranquilo, una noche de otoño, Sergio Ramos, con un café solo como testigo, se emociona según ve en el iPad la frialdad de su gol a Portugal. Me dice que se le pone la piel de gallina. Y es verdad.

—¿Habías ensayado esa semana previa lanzamientos a lo Panenka?

—Lo había comentado, pero no lo pude practicar desde el punto de penalti. Había mucha prensa y, si alguien lo ve y lo publica, pierde su gracia, pero sobre todo la capacidad de sorpresa. Se lo había avanzado a mis íntimos; a Jesús Navas en la selección y a mi familia. Desde que fallé el penalti contra el Bayern de Múnich, les advertí. «Os doy mi palabra, por mi abuela que en paz descanse», que iba a tirar un penalti así el día menos pensado, en el momento en que nadie pudiera imaginar ese lanzamiento. Algunos, puede que piensen que es lo más difícil. Para mí, en cambio, ese estilo es el más sencillo.

—Ese toque, en cualquier caso, no es el de un defensa al uso. ¿Jugaste mucho de delantero de chaval?

—Fui delantero con seis años en el Camas. Allí jugué de extremo derecho, de media punta, de delantero. A ese equipo me llevó mi hermano René. Hasta que con nueve años me fichó el Sevilla FC. Jugué de extremo, unos años en el centro del campo, de pivote defensivo con llegada en infantiles. Luego, ya en juveniles, me pusieron de central y de lateral derecho. Fue Pablo Blanco quien me dijo: «Con las condiciones que tienes, conviértete en un buen lateral derecho, que no hay muchos en el mercado. Y triunfarás seguro». Pablo Blanco tiene una mentalidad muy clara. En resumen, me fueron retrasando y ya Manolo Jiménez me puso en el filial por la derecha.

—Tu golpeo de balón es fluido y eficaz. Te atreves con desplazamientos en largo. Me contaron en su día Wesley Sneijder, alumno de la auténtica escuela del Ajax, y también Ismael Urzaiz, que estuvo un año en el Ajax antes de retirarse, la importancia de ser ambidiestro en ese club. En el control y en la salida del balón, empleando las dos piernas. A los niños les ponen deberes. Y en casa tienen que practicar el toque. ¿Cómo ha evolucionado hasta atreverse con un penalti a lo Panenka?

Sergio Ramos: «Yo estaba muy dolido por lo que se había dicho de mi fallo contra el Bayern de Múnich. No por mí, ojo, sino por mi familia…»

—El control, el golpeo y el pase largo lo he ido mejorando con el paso de los años. La evolución ha sido notoria. Cuando vives por y para el fútbol, uno recoge la recompensa. Está claro que no es el mismo toque con diecisiete o dieciocho años, cuando comencé a jugar en Primera División, que en la actualidad. Jugar al lado de gente como la que tengo en la selección, o entrenarte con Kaká u Özil en el Real Madrid te permiten incorporar conocimientos. Uno, con la práctica, evoluciona.

—La tanda de penaltis. Rui Patricio enfrente. Los tres anteriores los viste adherido a sus compañeros. En hilera. A tu izquierda Jesús Navas, a tu derecha Pedro. Más allá Jordi Alba, por un lado. Por el otro, Iniesta. Es la hora de los miedos, de la incertidumbre. Cuanta más inquietud y misterio se respira en el césped, más se toca la gente. El equipo se abraza. Y el futbolista no iba a ser menos. Lo tiraste por el centro, pero no iba flojo….

—Se me pone el vello de punta. Solo pensarlo, ese era un gol que te marca para siempre tu vida. Para bien o para mal. Yo estaba muy dolido por lo que se había dicho de mi fallo contra el Bayern. No por mí, ojo, sino por mi familia, mi entorno, mi novia en su momento. Yo soy fuerte. El Real Madrid te enseña a ser duro en la vida. Y mentalmente lo superas todo. Pero se habían dicho tantas cosas con lo del Bayern. Y los míos habían sufrido mucho. Tenía mi espinita clavada y era mi momento. Mi lanzamiento no es tan lento como el de Pirlo. El mío es más rápido y seguro. A veces, el portero te aguanta y puede reaccionar con el pie. A Pirlo podría haberle ocurrido. Iker Casillas, por ejemplo, lo hace mucho. Se tira y te saca el balón con la punta. Mi golpeo es seco, más tenso; para que llegue antes el balón a la red.

—¿Lo comentaste justo antes de tirarlo a los demás compañeros que, atentos, lo veían desde el centro del campo?

—El fútbol tiene revancha. Y a mí se me presentaba la oportunidad. Al seleccionador ya le había comentado en su momento la opción, si me tocaba. Yo estaba a su disposición. Y nada más acabar la prórroga se lo dije a Albiol. «No digas nada, la pongo como Panenka. Es mi momento.» Sé que luego Albiol, segundos antes de impactar al balón, con todo el grupo abrazado, afirmó: «Este es un bala, la va a picar». Y así fue. Fue gol y en ese momento te liberas. Sé que ese gol me acompañará el resto de mi vida. Es una aventura que contar. Es verdad que ese gol seguirá vivo muchos años.

—Estabas en un proceso de cambio en tu vida…

—En esta Eurocopa estaba con nuevo *look*, me había cortado el pelo; en la camiseta no ponía «Sergio», aparecía solo el apellido «Ramos». Estaba en un cambio de ciclo en mi vida.

—¿Qué minuto está en tu memoria tras acabar el partido y lograr el pase a la final contra Italia?

—Lo que más me marcó fueron las lágrimas de mi madre en la grada. Mi familia está muy unida. Es como la Roja. En la Roja, somos una familia donde todos nos conocemos; nuestras familias también, animan juntos desde la grada. Cuando iba a tirar el penalti, sé que mi padre se dio la vuelta; mi hermano se levantó y se fue: lo pasa mal en el fútbol. Sufre mucho conmigo. Hay mucha presión y lo lleva el hombre como buenamente puede. René es muy impulsivo y vive toda mi carrera con pasión. Cuando oyó que era gol, entró de nuevo a la grada. No puedo olvidarme de las lágrimas de mi hermana, una persona muy especial y fundamental en mi vida. El gol se lo dediqué a mi chica en su momento y a la gente que había confiado siempre en mí. Habían escuchado todos tantas tonterías que por fin se volvía a la normalidad.

—¿Crees que la gente sabe que ensayas penaltis al término de los entrenamientos desde hace muchos años?

Sergio Ramos:
«Tú pones en YouTube "Djalminha y penaltis", y verás lo que te sale. Una pasada. Te salen cuarenta penaltis increíbles.»

Que si se atreve, no es por capricho, vamos…

—Me daba rabia que enjuicien el trabajo de todo un año por un penalti fallado. Estaba en mi mejor año como profesional, jugando de central, y por un error ante el Bayern… Me duele que haya gente que sea tan cruel, que se inventen historias. El aficionado debe saber que yo ensayo penaltis, contra Pepe Reina en la selección o con Iker en el Madrid. Lo hago todos los días porque me gusta. Y me gusta asumir el riesgo y la responsabilidad cuando llega el momento decisivo. Tengo confianza en mí mismo. Y, reitero, me dolió lo que sufrió mi gente. Yo, tanto las críticas como las alabanzas, las tengo superadas.

—Ahora que eres un experto en penaltis. ¿A qué personaje admiras por su talento en los once metros?

—A Djalminha. Sin duda. Es un auténtico espectáculo. Tiene un abanico de opciones, un repertorio espléndido. Siempre me llamó la atención la calidad de ese futbolista. Ese tío tiene algo diferente. De *paradinha*, de todos los colores. Tú pones en YouTube «Djalminha y penaltis», y verás lo que te sale. Una pasada. Te salen cuarenta penaltis increíbles. Otro que me gusta es Pirlo. Es fascinante su lanzamiento en la Eurocopa.

—¿Cuándo oíste por primera vez el nombre de Panenka?

—En mi barrio, de chaval. Siempre decíamos: «Hay que tenerlos bien puestos para intentar un penalti así en un partido de verdad». Yo marqué goles a lo Panenka con mis amigos. Y, la verdad, pensaba: «¿Me atreveré algún día a hacerlo en un partido oficial?» Parece que sí.

—De momento, podéis disfrutar de la mejor generación de futbolistas que ha dado España en su vida. Hay un público entregado y sabio, que se lo pasa de cine con la selección absoluta. No se puede defraudar…

—Es un momento histórico y es como si no te diera tiempo a divertirte. Todo va muy deprisa. Hay gente que sí, es verdad, que puede disfrutar en una grada con un pase de cuarenta metros. Pero no sé si todo el mundo lo aprecia. Hay mucho ruido en el fútbol. Si aciertas treinta pases de ese perfil y fallas uno, queda ese último recuerdo. Y eso es injusto. Hay que luchar por respetar a toda esta colección de futbolistas inolvidables. Yo me considero un privilegiado, en el Madrid, mi casa, el mejor club del mundo con diferencia, digan lo que digan, y en la selección, por supuesto.

El gol de Sergio Ramos fue de película. Y con final feliz. Su madre, Paqui, no pudo verlo tampoco por los nervios. Abrazada a una hija de Pepe Reina, abrió los ojos cuando la mujer de Reina, Yolanda, celebraba el gol. Fue una noche inolvidable. La vida concede siempre una segunda oportunidad. Y la familia Ramos puede presumir de penalti, de gol y de Panenka ●

FALCAO

El gol del tigre

«Mi papá fue futbolista. Siempre me insistió en que, al llegar cerca
del arco, hay que buscar el palo más lejano. Nunca darle fuerte,
sino colocar y buscar el ángulo superior. Ahí no llega el arquero.
La verdad, me salió por primera vez en mi vida en la final de la Europa
League en Bucarest. La segunda, en el 2-0 al Chelsea en la Supercopa.»

RADAMEL FALCAO,
delantero colombiano del Atlético de Madrid

ATLÉTICO DE MADRID, 2 - CHELSEA, 0

*F*alcao es un nombre de pila. Se lo puso su padre Radamel, que le dejó en herencia también «Radamel» pero acompañado de un segundo nombre, en honor al gran Paulo Roberto Falcão, el mediocampista brasileño, elegante y artista, que deleitó al aficionado más exquisito en el Mundial de España, en el 82. El progenitor del 9 del Atlético de Madrid tenía, por tanto, buen gusto. Falcão, el brasileño, dejó huella. Jugó de cine en la Roma cuando Italia era el paraíso y el calcio contaba con los mejores del mundo: Zico, Maradona, Platini, Boniek…

Solo se resistieron al calcio *Sánchez el Joven*, como llamaba Giovani Agnelli a Sanchis en la oferta que le hizo a Ramón Mendoza para llevárselo a la Juventus, y también Míchel y Butragueño, el primero con una oferta del Napoli, y el segundo, símbolo del madridismo, que en 1985 renovó por cinco temporadas, tras confirmar su entonces presidente dos ofertas de Italia que le garantizaban 150 millones de pesetas por temporada (casi un millón de euros libres de impuestos; una fortuna, en esa época). Martín Vázquez sí fue

al Torino, en 1990, tras disputar el Mundial de Italia de ese año.

Era tal la importancia del Brasil de Falcão, que recuerdo a Míchel, exjugador del Real Madrid y ahora entrenador de fuste, reconocerme en alguna tertulia de café que realmente se sintió futbolista de jerarquía mundial el día que se vio en el Mundial de México 86 al lado de Júnior, de Sócrates y de Falcão. Aunque fuera aquel día en el que un colegiado australiano, llamado Cristopher Bambridge, le anuló un gol, un tanto increíble que traspasó la línea de portería y que igual habría podido cambiar la historia del fútbol español.

García, y no Falcao, es el primer apellido del Tigre. Los hijos de futbolistas suelen tener mucho mundo. Acompañan a sus padres por diferentes ciudades, países; conocen varios colegios a lo largo de sus vidas. No tienen más remedio que adaptarse continuamente. Falcao jugó al béisbol en Venezuela, por ejemplo. Y admiró a beisbolistas venezolanos de las Grandes Ligas estadounidenses como Omar Vizquel y Ozzie Guillén.

Su destino siempre depende del club que fiche a los padres. Falcao vino al mundo en Santa Marta, en Colombia, mientras Radamel padre jugaba como defensa central en el Unión Magdalena, el club donde se formó el *Pibe* Valderrama. Falcao tiene fotos vestido de todos los colores, posando al lado de su padre. En Colombia, con la elástica del Atlético Bucaramanga. Y especialmente en equipos de Venezuela donde comenzó a jugar de niño. Imágenes con la camiseta del Deportivo Táchira forman parte de la vida del gran Radamel Falcao, que muchos años después hizo vibrar a la afición del Atlético de Madrid con sus tres goles ante el Chelsea. Un triplete que valió un título de la Supercopa de Europa en el estadio Luis II de Mónaco. Un resultado (4-1) que llenó de incredulidad las arterias de Sloane Square, King's Road y Cheyne Walk, algunas de las emblemáticas calles del exclusivo barrio de Chelsea en Londres. Eso sí, Chelsea tiene pulso, músculo y fuelle. Al día siguiente, Tom's Kitchen, la librería Taschen y la Saatchi Gallery siguieron con su ritmo habitual, aunque no pudo verse a Fernando Torres en South Kensington, en el restaurante español Cambio de Tercio, donde es habitual ver también a Rafa Nadal cuando juega en Wimbledon.

En Mónaco, Falcao agrandó su leyenda. Con un gol que le ha dado un sello, una marca, un estilo, una forma de definir y que le convierten en un 9 distinto, con un dominio absoluto del área. Amagando y apuntando.

Falcao: «El defensa del Chelsea, Ashley Cole, no me tapa… Veo el arco, apunto al ángulo más lejano y la pongo dentro. Una alegría inmensa.»

Fintando hacia dentro, despistando a Ashley Cole y fusilando con la izquierda a Petr Čech.

Idéntica factura al que abrió la lata en el ultramoderno estadio de Bucarest en la final de la Europa League. Falcao vacunó al Athletic de Bilbao desde el mismo ángulo. Pisó el área, escorado a la derecha, buscó el error de Amorebieta, barrió el balón hacia su pierna zurda y, desde ahí, coló el balón arriba, en parábola, dentro del portal de Gorka Iraizoz.

Falcao puede registrar en una oficina de patentes esta acción. Porque en menos de tres meses firmó otro gol clonado, esta vez con su selección. En un Colombia-Paraguay, en octubre de 2012, de clasificación para el Mundial de Brasil de 2014, repitió la secuencia. Un proceso calcado. Esta vez con el central paraguayo Paulo Silva, saturado y estresado, y con una comba magistral que salvó al guardameta Diego Barreto.

Falcao tocó el cielo con el Atlético de Madrid. En 2012 compartió habitación en las concentraciones con Gabi, el capitán del equipo. Gabi es un chico de la casa. Perfecto conocedor del club, de lo que quiere su gente. Antes de la final en Mónaco, Gabi insufló optimismo a Falcao. El colombiano se vio rodeado por una legión de tipos comprometidos y convencidos de levantar la Supercopa. Juanfran, Godín, Mario Suárez, Adrián. Son todos ganadores, educados para la victoria. Antes de salir del vestuario, oyeron, de regalo, la generosidad de una charla emotiva, pasional y pintada con una gran carga de inteligencia emocional. «Las finales no se eligen: se juegan y se ganan.» Palabra de Diego Simeone.

El Atlético no solo ganó. Arrasó al Chelsea en quince minutos. Le sobró el resto de la final. El Atlético y Simeone se quieren. El Cholo le vino al club como anillo al dedo. Lo puso firme y sobre todo lo puso a competir. Con un fichaje estrella. Caro, porque pagó cuarenta millones de euros por Falcao, pero muy rentable si se mide su precio en goles. Además del hecho psicológico de eliminar del recuerdo, en menos de dos meses, al Kun Agüero. No hay nadie imprescindible.

Falcao es el Tigre. Se siente cómodo en el mundo de los felinos. Y curiosamente viste y calza Puma. Una metáfora de la vida. Marca sus goles con botas del modelo EvoSpeed1. No pesan. Son muy flexibles. Y las usa hasta romperlas. A Falcao, en su etapa atlética, le patrocina una compañía con historia. Fundada el 1 de octubre de 1948, Rudolf Dassler, hermano de Adi (creador de Adidas), inicia una nueva vida lejos de la empresa familiar y crea Puma Schuhfabrik. El enfrentamiento entre los hermanos en la ciudad de Herzogenaurach divide a la población. Unos compran Adidas. Otros, Puma. El río Aurach separa los dos escenarios. Y, como cuenta la holandesa Bárbara Smit en su libro *Hermanos de sangre* (Editorial Lid, 2007), mientras Franz Beckenbauer jugaba con los nietos de Adi Dassler en el jardín, en la otra parte del río, sus primos no sienten envidia. Pelé entretiene a los nietos de Rudolf. Eso es poderío.

Tras la Segunda Guerra Mundial, ya en 1950, varios jugadores de Alemania lucieron el logo de Puma, incluido el centrocampista Herbert Burdenski. Famosas fueron sus botas Superátomo. Entonces el símbolo de la marca era un puma saltando por el espacio interior de una D mayúscula. Y ya en los Juegos Olímpicos de Tokio en 1964, Abebe Bikila ganó la medalla de oro de la maratón con unas zapatillas Puma. La web de la compañía presume hoy en día de su glorioso pasado.

Una firma que, curiosamente, ha sido fiel a muchas grandes estrellas en los mundiales. La ropa de los ganadores siempre fue de Adidas. En las botas, en cambio, hubo algo más de competencia entre los grandes mitos. En el siglo XXI, Adidas domina el mercado en pugna con Nike. Pero a lo largo de la historia, los astros del fútbol sí han hecho caso a los tacos de Puma.

Puma logró que Pelé marcara goles en el Mundial de Chile, en 1962; y que presumiera de Copa del Mundo en México 70. También, la Pantera Negra, Eusebio, con Portugal, fue elegido el mejor jugador del torneo con sus Puma en el Mundial de Inglaterra en 1966. Y que Maradona, en el 86, o Lothar Matthäus en el 90, ganaran sus mundiales también con botas Puma. Resulta curioso.

Todos ellos fueron usuarios y buenos clientes de su patrocinio. Pero ninguno tan vehemente como Johan Cruyff. Holanda firmó con Adidas en el Mundial de Alemania en 1974. Holanda era la Naranja Mecánica, la creadora del fútbol total, un referente universal. Llegó a la final, donde cayó ante Alemania Federal con Franz Beckenbauer al frente. Durante ese torneo, Holanda lució las tres bandas míticas de Adidas en las mangas. Todos menos Johan Cruyff y los hermanos gemelos Willy y René van de Kerkhof, que le apoyaron también en esa decisión, al tener también ambos contrato con Puma. Así que, ahí están las fotos como documento, Cruyff

El magnífico gol de Falcao al Chelsea, en la final de la Supercopa europea, fue una copia del que había conseguido ante el Athletic de Bilbao en la final de la Europa League.

jugó todo el Mundial de Alemania con una camiseta, naranja o blanca en algún caso, pero siempre con solo dos bandas. Y no con las tres habituales, como signo de empatía hacia su marca. Después, Puma tuvo una buena sintonía con el tenis. Comenzó ya en su día con Guillermo Vilas, luego con Boris Becker y Martina Navratilova hasta llegar a Serena Williams.

Tras alcanzar acuerdos con Ferrari en la Fórmula 1 en 2004 y vestir a Michael Schumacher, o firmar con el atleta Usain Bolt, Puma llegó a su punto de inflexión de los nuevos tiempos equipando a Italia y viendo como su capitán Fabio Cannavaro levantaba la Copa del Mundo de 2006. Por primera vez en la historia, la camiseta de Puma ganaba un Mundial de fútbol. Un territorio que históricamente siempre había sido conquistado por Adidas. España es el último ejemplo.

Y en este periplo aparece Falcao, el Tigre que pisa como un puma. Radamel es un hombre pausado, tranquilo, que al revisar sus goles ante el Chelsea en la Supercopa de Europa, especialmente el 2-0, no puede menos que emocionarse, como se conmovió con los miles de aficionados atléticos que acudieron a darle las gracias a la plaza de Neptuno.

—Fue uno de los partidos de su vida. ¿Con qué sensaciones llegó a Mónaco?

—No éramos favoritos. Era una lucha de David contra Goliat. El Chelsea es un club con un gran poder económico. Ellos habían ganado la Champions League, nosotros la Europa League. Nadie daba un euro por nosotros. El equipo y yo, por lo tanto, nos lo tomamos como un desafío. Un reto mayor para demostrar al mundo entero que podíamos estar al mismo nivel que ellos. Podíamos ganar, dar un salto de calidad y lograr el mérito de ser reconocidos.

—De niño, con once años, tuvo una oferta para fichar por la escuela del Ajax de Ámsterdam. No me extraña porque allí fabrican jugadores ambidiestros. Como usted. Lo cuenta a menudo Wesley Sneijder. ¿Desde cuándo comenzó a mejorar su izquierda? Usted es diestro, pero los grandes goles de su vida hasta la fecha han salido de su pie zurdo…

—Es cierto que me he preocupado por mi

Al lado de Joaquín Peiró, José Eulogio Gárate, Luis Aragonés, Leivinha, Kiko o Fernando Torres, Radamel Falcao es parte ya de la leyenda rojiblanca.

formación para mejorar mi control con la pierna izquierda. No para llegar al mismo nivel que con la derecha pero sí para prepararla y ayudarla a resolver ciertas jugadas, fundamentales en un partido. Un delantero es un tipo que resuelve momentos clave. Y sus dos piernas, en mi caso la izquierda, tienen que estar listas y a la altura para cuando le llegue el momento. He trabajado mucho para controlar y para conducir con la izquierda. También he practicado la definición y aún más cuando me convertí en profesional y cuando comencé a ver que ya realmente era un jugador de verdad.

—Final de la Supercopa. Minuto 6. Mario Suárez le busca la espalda a la defensa del Chelsea. Usted gana la acción en carrera y abre el marcador…

—Quiero definir según me llega de primeras, pero la pelota se me frena, me queda entre las piernas, tengo que esperar un tiempo más y es entonces cuando amago; Čech se acuesta y le pico el balón por encima. Veo luego que da en el poste, entra y André Luiz no puede sacarla.

—Su obra de arte. Minuto 18. El 2-0 y el gol que será recordado con el tiempo. Una repetición del de Bucarest ante el Athletic. El balón describe una curva antológica. Y Petr Čech, uno de los mejores porteros del mundo, no puede sacar la pelota…

—Mi papá siempre me ha insistido en que, al llegar al arco, hay que buscar el palo más lejano. No es necesario darle fuerte, sino buscar el ángulo superior. Ahí no llega el arquero. Nunca me había salido hasta la final de Bucarest. Luego volví a hacerlo con el Chelsea en el 2-0. En ambos goles, me cierran el ángulo, me perfilo hacia dentro y no dudo. A mi padre le enseñó un entrenador uruguayo a definir de esa manera. Y él me pasó a mí ese hábito. En la defensa del Chelsea, Ashley Cole no me tapa el ángulo de tiro; comete un error. En vez de presionar hacia delante, él da un paso hacia atrás y, en ese instante, veo el arco, apunto al ángulo más lejano y la pongo dentro. Una alegría inmensa.

—Llama la atención que, sin ser un futbolista alto, tenga usted tanta destreza en el juego aéreo. Ahí es valiente, audaz y lo remata todo. ¿Qué influencias tuvo en su juventud y qué ejercicios realiza para conseguir ese dominio aéreo?

—Es verdad que mi madre de niño me lanzaba balones y yo los remataba de cabeza. Pero eso quizás era una anécdota. Quien remataba bien de cabeza era mi padre. Era algo innato. En estos momentos, trabajo la fuerza en el gimnasio. Realizo ejercicios de potencia y de coordinación en el salto. Ese trabajo es necesario y vital para mí.

—¿Cuida mucho su alimentación?

—Como cualquier deportista. Me gustan mucho los dulces y tengo que privarme.

—Usted está en la lista de futbolistas privilegiados que han firmado goles inolvidables. ¿Cuáles están en su lista de imprescindibles? ¿Y quiénes fueron sus referentes?

—El de Maradona a Inglaterra en el Mundial de 1986. El Maradona futbolista es un ídolo para todos los jugadores de mi generación. Y luego, en Colombia, gente que jugó en mi demarcación, como Asprilla, Van Basten mucho antes, o Ronaldo, el brasileño. Son tres grandes futbolistas a los que admiré de más joven.

Falcao conoce la dualidad del proceso de vida de un futbolista: ganar y perder. Lo vivió en casa. Los cambios de humor, la importancia de los resultados. Saber ganar, saber perder. El manual del futbolista lo conoce. Estar arriba, estar abajo. Soportar la presión, la crítica. Falcao conoce el paño. Daniel Passarella, emblema del River Plate y del fútbol argentino, dijo un día que Falcao era el nuevo Van Basten. Lo dijo antes de que fuera famoso. Pep Guardiola precisa que es el mejor rematador del mundo en pleno 2012.

Está en progresión. En la final de la Supercopa, una pancarta brilló por encima de las demás. «*No Falcao, no party.*» La firmaba un seguidor atlético del barrio madrileño de Aluche. Desde lo de «*Enjoy* Laudrup», que se colgaba en la grada del Camp Nou, no había aparecido nada tan directo, simple y llamativo que pusiera en valor el talento de un futbolista. Abrazado a la bandera de Colombia, Radamel Falcao aterrizó en Madrid la madrugada del 1 de septiembre del año 2012. La Supercopa de Europa en sus manos, con permiso de Gabi, el capitán. Feliz con su balón desinflado y firmado por todos sus compañeros. Una camiseta negra de recuerdo con el lema: «Soñamos despiertos».

Y una camiseta, la de aquella noche, donde lució el Atlético de Madrid la publicidad de una marca tecnológica china (Huawei). Nunca fue tan rentable para un anunciante. Enfrente, el Chelsea con su publicidad de Samsung. Otro gigante de las telecomunicaciones, que acompañó al club de Stamford Bridge en la búsqueda de su primera Champions League.

El gol de Falcao. Es una foto, una imagen que forma parte ya de la leyenda del Atlético de Madrid. Al lado de Joaquín Peiró, de José Eulogio Gárate, de Luis Aragonés, de Leivinha, de Kiko o de Fernando Torres, Radamel Falcao también es parte ya de la leyenda rojiblanca. El gol parabólico, el de la curva a Petr Čech es para siempre. Falcao, por cierto, lee a Ernest Hemingway. Le cautivó *Por quién do-*

blan las campanas. Una historia de España. La suya, la definitiva, la de Falcao, aún está por descubrir •

KOEMAN

El latigazo de Wembley

«Desde mi portería no vi entrar el balón de Koeman.
Al ver levantarse a nuestra grada detrás de esa portería,
celebré que habíamos marcado. Pude comprobar cómo
puede subir y bajar la energía de un estadio en un instante.»

Andoni Zubizarreta,
**capitán del FC Barcelona durante la final
de la Copa de Europa de 1992 en Wembley**

FC Barcelona, 1 - Sampdoria, 0

*E*l gol de Ronald Koeman cambió la historia del FC Barcelona. 20 de mayo de 1992. El palco del antiguo estadio de Wembley está de enhorabuena. Jordi Pujol, presidente de la Generalitat; Pasqual Maragall, alcalde de Barcelona, y Josep Lluís Núñez, presidente del FC Barcelona, celebran un título anhelado, esperado por muchas generaciones que nunca habían visto ganar la Copa de Europa al FC Barcelona.

Es la primera del club. Justo unos días antes que comiencen los Juegos Olímpicos en su ciudad, unos juegos maravillosos, un éxito de organización y un modelo a imitar para el futuro. Dos de aquellos chicos campeones en Wembley, Pep Guardiola y Albert Ferrer, no sabían aún que semanas después iban a completar el verano de sus vidas con una medalla de oro como regalo extra.

La final contra la Sampdoria era intensa. Zubizarreta había sacado un balón increíble a Lombardo en el primer tiempo. Otro a Vialli en el segundo. Y hubo una tercera ocasión que tampoco acertó Vialli, solo ante Zubi, a pase de Lombardo desde la derecha. El FC Barce-

lona también estuvo cerca de marcar. Hubo un palo de Stoichkov y una intervención clave de Pagliuca. Fue tras una jugada peleada en el área, habitual en Julio Salinas. Pagliuca, el meta internacional italiano de la Sampdoria, era un clásico del calcio. Lo paró casi todo.

Aquella Sampdoria de Vujadin Boskov tenía talento. No era un club pequeño ni mucho menos. Pagliuca, Vierchowod, Toninho Cerezo, Katanec, Lombardo, Mancini, Vialli… Todos jugadores de primer nivel en la Europa de esa época.

Sin goles durante los noventa minutos iniciales, la final de Wembley fue a la prórroga. Tiempo extra. 70.827 espectadores estaban a punto de ver el gol de Ronald Koeman, un latigazo que levantó al público azulgrana de sus asientos. E hizo brotar lágrimas de alegría a miles de socios culés, que fueron testigos del nacimiento de un nuevo Barça.

Eusebio Sacristán fue un protagonista clave en la historia del gol de Koeman. Nacido en La Seca (Valladolid), Eusebio vistió el número 11 en Wembley, un dorsal poco habitual en él. Siempre fue el jugador más técnico del Dream Team. Pep Guardiola, de chaval, disfrutó mucho con Eusebio en el vestuario. Era capaz de entretenerse tanto haciendo malabarismos con el balón que se le olvidaba salir al campo a calentar. Pep siente profunda admiración por él. De hecho, Eusebio es el entrenador del equipo B del FC Barcelona, la antesala del primer equipo, donde todos los años surgen futbolistas nuevos como Tello, Cuenca, Sergi Roberto, Deulofeu, Muniesa; todos ellos siguiendo el camino marcado por Busquets y Pedro, quienes a su vez bebieron en las fuentes de Xavi, Puyol, Víctor Valdés o Iniesta.

En el minuto 111, al borde del área, Eusebio pugna por un balón con el defensa italiano Invernizzi, que había entrado por Bonetti en el minuto 72. Es una jugada poco habitual en Eusebio. Como futbolista no era un agitador, ni mucho menos. Todo lo contrario. Eusebio fue un virtuoso. Sin embargo, en esta acción al borde del área entró en el barullo de Invernizzi, quien, en su intento por sacar como fuera el balón de la zona de peligro, lo retuvo desde el suelo. Aron Schmidhuber, el colegiado alemán, lo vio claro. Pitó falta de Invernizzi.

Una falta ingenua, en pleno fragor de la batalla, cuando la final se encaminaba a los penaltis. Toda la Sampdoria protestó y se fue a por Schmidhuber. Mancini, Lombardo, Katanec, Toninho Cerezo…Todos indignados. Sabían que aquello era un regalo para Ronald Koeman. En ese momento, la señal de la emisión internacional de la televisión que ofrecía el partido se centró en un plano inolvidable. Un tipo sentado en el banquillo de la Sampdoria se tapaba la cara y la cabeza, con una toalla

de color azul. Era ni más ni menos que Gianluca Vialli. La estrella entonces del fútbol italiano. Le acababan de sustituir. Y veía los minutos finales desde el banquillo. Todos, menos los dos segundos que iba tardar Koeman en decantar la final de Wembley. Vialli se ocultaba. No lo quería ver. Sabía que Koeman, en ese escenario, era un volcán en erupción. Era un presagio.

El lanzamiento se demoró. Por las protestas y por los segundos de ejecución, que parecían interminables. El FC Barcelona tenía un *match-ball* a los pies de Koeman. Vestía el Barça de naranja, un color que jamás antes había exhibido. José Mari Bakero y Hristo Stoichkov acompañaron a Koeman en la ejecución. Ambos ejercieron de actores secundarios. Uno para tocar muy cortito (Stoichkov), otro para detener el balón (Bakero) y dejar a Koeman empalar un misil que se coló en la portería de Pagliuca. Vialli lo sabía.

Justo al otro lado del campo, el futbolista más alejado era el portero azulgrana, Andoni Zubizarreta. Repasando con él uno de los goles más famosos de la historia del FC Barcelona, uno se da cuenta de que es imposible olvidar todos los detalles de aquella foto fija que Andoni, aun pasado el tiempo, conserva en su memoria.

—Seguro que usted había probado esa «medicina» de Koeman durante los entrenamientos…

—Él había ensayado el día anterior esa misma acción. En los partidos importantes, Ronald, al final de la práctica, pedía seis balones. Era una falta sencilla para él. Los ponía al borde del área y comenzaba su ritual. Yo digo que él ajustaba siempre el punto de mira. A veces no salía, pero ese día acertó con claridad.

—¿Tenía una duración determinada el carrusel de lanzamientos?

—No. Simple y llanamente, cuando él decía «Se acabó», yo pensaba: «Este ya tiene ajustada la puntería». Y a la ducha.

—Detenga el tiempo y vea una fotografía del gol de Koeman. ¿Qué pensó en ese instante? ¿Cómo vivió el momento cumbre?

—Yo solo me fijaba en la grada. Y mucho. No vi entrar la pelota en la red de Pagliuca. Había demasiada gente por delante. Así que me di cuenta de que era gol al ver a la grada de ese fondo donde marcó Koeman levantándose y celebrándolo. Fue una sensación extraordinaria. Y una experiencia visual también extraordinaria. Al mismo tiempo, mientras la mitad del estadio rugía y se levantaba, la otra, la que estaba detrás y cerca de mí, bajaba. Fue

Zubizarreta: «Mereció la pena que Eusebio peleara ese balón. Cuando el árbitro señaló la falta, sí, es verdad que dije "esta puede ser".»

impresionante comprobar cómo puede subir y bajar la energía en un recinto cerrado.

—¿Salió a celebrarlo?

—No. Mientras todo el mundo lo celebraba, yo solo miraba al reloj para ver cuánto tiempo restaba para el final. Fueron minutos de larga espera.

—Dígame, cuando vio la falta, dijo: «Ya está, ganamos».

—No, no se puede ser tan rotundo ni presumir así. No. Pero sí sabíamos que nuestro potencial a balón parado era ideal. Y en una final, este tipo de partidos se deciden bien en esa clase de acciones o bien en una jugada individual de algún futbolista que marca las diferencias. Mereció la pena que Eusebio peleara ese balón. Y al pitar esa falta, sí, es verdad que dije «esta puede ser».

Andoni Zubizarreta tuvo luego un detalle de futbolista grande. Era el capitán y debía recoger la Copa de Europa en el palco de autoridades, de manos del entonces presidente de la UEFA, Lennart Johansson. Sin embargo, cedió el testigo a José Ramón Alexanko, el primer capitán, que vio casi toda la final en el banquillo. Johan Cruyff le puso al final de forma testimonial. Pero Zubi sabía que era un momento especial. Alexanko había sufrido momentos amargos como el motín del Hesperia, una revuelta del vestuario contra el presidente, y era justo que en ese momento dulce también tuviese su premio. Así que Alexanko primero, Zubizarreta después y, en tercer lugar, un niño llamado Pep Guardiola siguieron el protocolo a la hora de subir las famosas escaleras del viejo Wembley. Zubi quiso que Pep estuviera cerca de él durante la ceremonia. Intuía el perfil de gran personaje en el que luego se convirtió.

Justo el día anterior, en la toma de contacto con el césped de Wembley, Zubi paró de dar vueltas al campo al oír una discusión entre Pep y Julio Salinas. Julio decía que había 38 escalones para llegar al palco. Guardiola insistía en que eran 39. «¡Qué os parece si mañana jugamos, ganamos, subimos al palco y contamos los escalones!», exhortó Zubizarreta.

Dicho y hecho. Koeman marcó, el equipo entero lo celebró en un córner, Johan Cruyff saltó la valla de acceso al césped. En plena celebración, Cruyff y Koeman se fundieron en un abrazo interminable. Mientras, Lombardo lloraba sin parar sobre la hierba.

Zubizarreta; Ferrer, Nando, Koeman, Juan Carlos; Eusebio, Guardiola, Bakero, Laudrup; Julio Salinas y Stoichkov fue el once inicial que puso Cruyff en Wembley. En el palco, Alexanko, tras levantar el trofeo, se lo ofreció a su presidente Josep Lluís Núñez, quien también lo compartió con el público. La plantilla cambió su camiseta naranja por la mítica azulgrana para la gran foto. Una imagen para la historia. Era la primera. Luego vinieron más, una con Frank Rijkaard y dos en la era de Pep Guardiola como entrenador; pero la primera vez, como todo en la vida, nunca se olvida.

Años después, en el 2000, Pablo Ornaque, conocido coleccionista futbolístico, pujó por multitud de objetos del viejo Wembley, antes de ser derruido para dar paso al emergente y moderno estadio del que hoy presumen en Londres. Porterías, banquillos, el túnel plegable de acceso al terreno de juego, una barandilla que había delante del palco y uno de esos famosos 39 escalones de los que hablaban los jugadores del FC Barcelona. También varias sillas, una del antepalco y otra de la fila más regia del palco. Una compra con destino al Museu del Barça. Ornaque acudió a la subasta sin decir que iba en nombre del FC Barcelona. Así ahorró dinero. Se llegó a decir en Inglaterra que el lote costó siete millones de pesetas (42.168 euros). El comprador dijo que no fue tanto. *El Mundo Deportivo* llegó a publicar que un directivo, Lluís del Val, había pagado 400.000 pesetas (2.409 euros) por el metro cuadrado del césped desde donde Ronald Koeman lanzó su misil hacia el título. Está claro que ese gol no fue uno más ●

HUGO SÁNCHEZ

Señorgol

«Al Logroñés. Es el gol de mi vida. Si se lee la palabra Logroñés
al revés es "señorgol". Con cuatro o cinco años se lo vi marcar
a mi padre. Desde entonces siempre quise imitarle, era mi objetivo.
Hacer uno igual, pero en el mejor equipo del mundo: el Real Madrid.»

HUGO SÁNCHEZ,
**delantero mexicano, cinco veces máximo goleador
de la Liga Española con el Atlético y el Real Madrid**

REAL MADRID, 1 - LOGROÑÉS, 0

Hugo Sánchez firmó en su vida 394 goles en partidos oficiales. Un *killer* del área. Siempre al primer remate. Centro de Míchel o Martín Vázquez desde las bandas en el Real Madrid y, sin dejarlo caer, balón a la jaula. Gol.

Los genes a menudo marcan la vida. El deporte fue asignatura obligatoria en la casa de Hugo, en México. Su padre, Héctor, jugó al fútbol, militó en el Asturias y en el Atlante, si bien no fue jugador profesional si se entiende por eso a aquel que puede vivir de este oficio.

De seis hermanos, tres fueron olímpicos. Su hermana Herlinda, gimnasta en los Juegos Olímpicos de Montreal en 1976, compitió junto a Nadia Comaneci, la reina de aquellos juegos. Su hermano, Horacio, fue antes portero en Múnich 72 y luego Hugo también participó en Montreal por México.

Entre las aptitudes de su familia, encontró virtudes. De su padre, el origen de la chilena, la acción que determinó su vida, la que le ha dado un hueco en los libros de fútbol, la que le permite seguir siendo admirado. De su hermana, la elasticidad, sus volteretas, que daban la vuelta al mundo cada vez que anotaba un gol. De Horacio, la profesionalidad.

Veinte años después de acabar su aventura en el Real Madrid, Hugo sigue firmando autógrafos, regalando postales dedicadas que le solicitan jóvenes y adultos. Adolescentes que no le vieron jugar pero que han oído hablar de sus hazañas en su casa.

Hugo, además de goleador, fue el primer futbolista que en la década de los años ochenta comenzó a explotar el márketing en el fútbol español. Fue un adelantado a su tiempo. Años después, esa faceta es indispensable en su club, es la partida más importante del Real Madrid si se analiza su presupuesto. Hugo innovó y del maletero de su coche, un imponente Cadillac de color negro, sacaba sus fotos personales, algo que hoy en día tienen todos los clubes, incluidos los más modestos de la Liga BBVA.

Entonces, la foto dedicada era algo glamuroso, reservado a las grandes estrellas. En España, Hugo comenzó a promocionar su imagen. No entendía eso de firmar autógrafos en un papel cualquiera, en un folio sin alma; él prefería invertir en sus fotos, en imágenes impresas, en un detalle cuidado que el aficionado guardase toda su vida.

Hugo ganó cinco Ligas seguidas. Hoy en día sería algo faraónico. La última prácticamente ya ni se celebró. Pararon a cenar en una estación de servicio. Acostumbraron él y su Quinta, la de los Machos (Maceda, Gordillo y Hugo, los tres fichajes de ensueño en la época presidencial de Ramón Mendoza), unida a la emergente Quinta del Buitre (Sanchis, Míchel, Martín Vázquez, Butragueño y el apoyo de Pardeza), a ganar con solvencia y autoridad.

En uno de esos rutinarios partidos de Liga en el estadio Santiago Bernabéu, el Madrid recibió la visita del Logroñés. Un equipo que debutaba oficialmente en Chamartín. Con Jesús Aranguren en el banquillo, en el Logroñés jugaban Abadía, Sánchez Lorenzo —de origen madridista—, Albis, Chiri, Gelucho… Un equipo humilde que disfrutaba de su edad de oro. 70.000 espectadores. Veinte millones de pesetas de recaudación. Antes se daban esas cifras en el capítulo de incidencias.

Leo Beenhakker era el técnico del Real Madrid, que dirigía un equipo fantástico. Con un centro del campo creativo aquel día formado por Míchel, Gallego, Martín Vázquez y Gordillo. Con Schuster lesionado esa jornada, y con Jankovic en el banquillo. Un diseño valiente, con Míchel y Gordillo desbordando por las bandas.

Arbitraba un chico joven canario. Luego famoso. Brito Arceo. También era su primer partido en el césped del Bernabéu. Tenía solo veinticuatro años. Un árbitro de la nueva ola, que al final del partido felicitó a Hugo Sánchez por la estética de aquel gol que hizo a los nueve minutos de juego. Un servicio de Rafa Martín Vázquez y un gol de chilena, que desde entonces se bautizó como «huguina», una denominación de origen que al mexicano, cuando lo ve de nuevo en el iPad, le sigue llenando de orgullo.

Hugo Sánchez: «Mis compañeros vinieron a felicitarme. Los rivales se me acercaron y me dieron la enhorabuena. Son unos instantes inolvidables.»

—Ese gol le acompañará siempre. Es su marca registrada…

—Y tiene una historia, un relato personal e íntimo, que me emociona cada vez que lo recuerdo. El gol, como una buena obra de teatro, tiene su inicio, su nudo y su desenlace.

—Adelante, entonces…

—En primer lugar, mi padre jugaba al fútbol, aunque no ganaba dinero a nivel profesional. Era mecánico automotor. Mi hermano también jugaba. Los fines de semana se juntaban los padres y los niños a jugar. No eran equipos organizados, eran duelos amistosos, reuniones de amigos. Yo tenía cuatro o cinco años y recuerdo que un buen día vi a mi padre hacer algo increíble. Un remate descomunal que luego supe que se llamaba chilena. Mi padre tenía cuarenta y tantos años.

Y marcó algunos más de esa forma. Desde ese momento, me dije: «Tengo que marcar un gol como ese. Algún día llegará». Y, como un niño con sueños, desde luego que lo visualicé jugando en el mejor equipo del mundo, en el Real Madrid. Ese era mi gran objetivo en la vida. Un gol así, una chilena con la que simbolizar el fútbol de mi padre. Ese gol era para él. Tenía una dedicatoria clara.

—¿Cómo comenzó a practicar ese tipo de gol?

—Intentándolo una y otra vez. Pude hacer 25.000 o 30.000 chilenas, con unos golpes terribles. Caía al suelo, me hacía mucho daño. Recuerdo una caída importante en el rancho de mi tío; cada vez intentaba subir más arriba en el golpeo y aquel día me di un golpe en la cabeza. Día a día fui mejorando. Yo creo en el destino. Y el momento llegó en España, en el Real Madrid, frente al Logroñés, el famoso «señorgol» leído al revés.

—Las volteretas de celebración fueron parte de su vida. Estéticamente eran impecables. ¿Cómo logró esa perfección?

—Viendo ejercicios de mi hermana. Ella me ayudó mucho. Era gimnasta, participó en los Juegos Olímpicos de Montreal en el 76, junto a Nadia Comaneci. Para mí, los Juegos

Hugo Sánchez:
«Es el gol de mi vida. Un homenaje, un gol que sirvió para que, en todo el mundo, se asociara ese arte a mi persona.»

Olímpicos son clave en la vida de un deportista. Los que no han tenido la suerte de estar en unos Juegos no conocen lo que es llegar a lo más alto, estar al lado de los grandes deportistas, convivir con ellos, coincidir con todas las especialidades, atletismo, básket… En nuestra casa el deporte era esencial. A mi madre le gustaba el voleibol. De seis hermanos, tres fuimos olímpicos. Mi hermano mayor Horacio era mi referencia. Era portero de la selección mexicana en Múnich 72. Nos entrenábamos en casa, rematando y parando balones. Yo quería ir a los juegos algún día, como él. Quería ser famoso y firmar autógrafos como él.

—Fue usted el primero en España en repartir postales con su imagen al terminar los entrenamientos con el Real Madrid en la antigua Ciudad Deportiva. Por cierto, siempre salía el último. El masaje, su infusión y su peluquería eran innegociables. La prensa le esperaba de todas formas…

—Firmar autógrafos es un detalle, dedicarlos es mucho más. Eso sí, puedo presumir de que jamás he invertido ni un euro en que hablen bien de mí. Yo me lo ganaba en el campo.

—Volvamos al gol de chilena frente al Logroñés.

Lo ve en la pantalla. Y recuerda viejos tiempos con orgullo:

—El servicio es de Martín Vázquez desde la izquierda. Yo estaba esperando el pase en el área, de tal manera que echo un paso atrás, retrocedo y, justo en ese momento, aprovecho para impulsarme en el aire, elevarme y rematar a puerta. Era un ejercicio habitual para mí, que repetía en los entrenamientos. Los compañeros ya lo conocían. Porque no solo ensayaba chilenas; remataba a puerta todos los días durante una hora, de todas formas, con la izquierda, de volea, con la derecha, incluso intentando «el escorpión», que luego popularizó el colombiano René Higuita. Si le digo la verdad, yo me sentía mucho más seguro rematando de chilena que no de cabeza.

—¿Qué le dijeron sus compañeros en la celebración?

—Vinieron a felicitarme, me comentaban: «¡Eres un fenómeno!, ¡eres un monstruo!, ¡eres la leche!» Los rivales se me acercaron y me dieron la enhorabuena. Son unos instantes inolvidables en mi vida deportiva.

—Y su entrenador Leo Beenhakker…

—Dijo una frase a un periodista mexicano muy bonita. Leo Beenhakker comentó que después de ese gol el partido no debería haber continuado, tendría que acabarse e irnos todos a brindar con champán. En México lo definieron como «el gol más bonito del mundo». Para mí, una satisfacción.

—¿Es verdad que los jugadores visualizan esos goles en algún momento antes de ejecutarlos?

—Sí. Es como si estuvieras flotando en el aire al marcar un gol así. Mis goles los suelo ver antes de que salga el balón de un compañero. Yo ya intuía lo que iba a hacer cuando la pelota estuviera en mi poder. En el momento en que Rafa me pone el balón desde la banda, ya sabía por dónde iba a entrar el balón. Cuando entra y doy la voltereta de festejo del gol, me siento como si estuviera suspendido en el aire. Las felicitaciones, esos segundos mientras el Bernabéu saca los pañuelos de alegría, los gritos de «¡Hugo, Hugo!» son momentos sublimes; estás en una nube, son secuencias inolvidables.

—¿Hay un antes y un después en su vida después de ese gol al Logroñés?

—Seguro. Primero porque he conseguido mi desafío particular. Un gol que le dediqué a mi padre. Es el gol de mi vida. Un homenaje, un gol que sirvió para que se asociara en todo el mundo ese arte a mi persona. La prensa española lo bautizó como «huguina», algo que me emocionó aún más si cabe.

—¿Se quedó con las ganas de marcar en partido oficial con el remate del escorpión?

—Sí, pero estuve cerca. Cuando fui a jugar

a Austria, un buen día, en un partido por la inauguración de un estadio, con el Linz, mi equipo, contra el Tirol. Ibamos ganando 1-4, un amistoso, cuando vino un balón medido; hice el escorpión y el balón se fue rozando el poste. En la grada se festejó como si hubiera sido un gol. Fue un casi gol. Un amigo que jugaba en el Tirol me dijo: «Jamás he visto un remate así; me hubiera encantado que fuera gol. Habría sido un testigo directo de algo inimaginable».

La familia Sánchez es deportiva cien por cien. Los seis hermanos tienen nombres que comienzan por hache: Héctor, Horacio, Hilda, Hugo, Herlinda y Haydé. La hache de Hugo fue muy rentable, primero en el Atlético de Madrid y luego en el Real Madrid •

CRUYFF

La espuela de un genio

«Johan era un genio.
Fue un golazo, pero creo que Cruyff quiso centrar.
Aun así, lo metió en la cruz de mi portería.»

MIGUEL REINA,
portero del Atlético de Madrid en 1973

FC BARCELONA, 1 - ATLÉTICO DE MADRID, 0

Anís Castellana y Whisky Dyc. Eran los dos anuncios de la valla publicitaria que tenía Miguel Reina detrás de su portería en el Camp Nou la noche del 23 de diciembre de 1973. Reina regresaba por primera vez a la que había sido su casa. Se fue a inicios de esa campaña al Atlético de Madrid después de siete años en el FC Barcelona. Y volvía ante un nuevo FC Barcelona ya gobernado por un futbolista flaco y fantástico que saltó al césped en penúltimo lugar aquel día, por detrás de Carles Rexach y delante del peruano Hugo *Cholo* Sotil.

Johan Cruyff costó una fortuna: sesenta millones de pesetas (361.000 euros) de los años setenta. Y en su primer año le dio la Liga al Barça. Con dos momentos estelares: un gol acrobático y espectacular al Atlético de Madrid, que va unido irremisiblemente a su vida desde entonces, y un histórico 0-5 al Real Madrid en el Bernabéu, con una exhibición de Cruyff, acompañado por Sotil, Asensi, Juan Carlos o Rexach.

Cruyff revolucionó el club que presidía Agustín Montal. Este llegó al poder con un lema que luego hizo furor: «El FC Barcelona es más que un club». Y Cruyff se dio cuenta enseguida del significado de aquella frase. Sobre todo, tras ganar la Liga y celebrarla en la plaza de Sant Jaume. Le sorprendió entonces que la gente le parara por la calle para darle las gracias en lugar de la enhorabuena. Había un poso político y reivindicativo del embrión catalanista que comenzaba a ser público en la recta final de franquismo.

Eran tiempos donde, a pesar de ser un ídolo de masas, Cruyff se daba algún que otro paseo por las Ramblas. Su llegada al aeropuerto de El Prat fue todo un acontecimiento. Un entusiasmo popular, un movimiento de masas de esos que solo se ven ahora, a menudo, en Turquía cuando llega un *crack*. Cruyff llegó a Barcelona para cambiar el rumbo de la historia, para recuperar la senda de los títulos. Y en su primer año lo consiguió de largo. Una Liga y un reconocimiento público que le concedía el privilegio en ese momento de ser el mejor jugador del mundo.

En las navidades del año 73, Cruyff brindó con cava por un gol enorme al Atlético de Madrid. Carles Rexach amagó y dribló a José Luis Capón, centró pasado un servicio al segundo palo y allí se asomó Johan Cruyff con un remate distinto, peculiar, inteligente y con el tacón, suspendido en el aire, que sorprendió a Miguel Reina.

No llegó al balón Domingo Benegas, un central paraguayo que repartía estopa en aquella época. Y en esa acción solo pudo ser un espectador más. Benegas desconfiaba tanto de Cruyff que ni siquiera le dejaba presionar a Reina en los saques de puerta. Benegas intentaba no dejar respirar al holandés. Mantenía a Cruyff en el borde del área. Le sujetaba con los brazos. Y le impedía acercarse a Reina. Era una acción que hoy sería impensable. Aquel día el Atlético salió muy defensivo, con Ovejero, Benegas, Eusebio y el *Cacho* Heredia de titulares. Melo y Capón fueron los laterales.

Miguel Reina fue un gran portero que llegó a ganar dos trofeos Zamora. Ágil, con reflejos; su despeje de puños era académico, de maestro. Su hijo Pepe, en el Liverpool, lo emplea también con solvencia cuando lo necesita. Miguel también fue internacional por España. En 2012, sigue ligado al mundo del deporte: es concejal de deportes en el Ayuntamiento de Córdoba. La figura de Cruyff, indirectamente, está asociada a su vida.

—Miguel, ¿qué aportó Johan Cruyff al FC Barcelona de esa temporada 73-74?

—Johan engrandeció el fútbol. Es uno de los mejores jugadores de la historia. Creó escuela en España. Y, por donde fue, exhibió calidad y talento. Era un espectáculo verle en directo. Su cambio de ritmo era impresionante. Hasta su llegada, en España no se había visto nunca nada igual.

—La jugada fue muy rápida. Cruyff se eleva en el aire y sacude un latigazo con el talón. Fue como una picadura de escorpión…

—Rexach había puesto la pelota en mi palo derecho, hacia el pico del área pequeña; Cruyff le pega con el exterior y yo creo que intentó centrar hacia atrás. Pero remató a puerta y le salió un señor gol. Calidad tenía de sobra para marcar goles de ese calado, pero yo sigo creyendo que su intención no era tirar a puerta. El caso es que Johan puso el balón certero en la cruz de la portería. Un golazo.

—¿Qué más recuerda de esa noche?

—Nostalgia del tiempo pasado. Regresaba al Camp Nou tras mi etapa en el FC Barcelona. Era mi primer partido como visitante tras salir de allí. Nosotros teníamos un equipazo. De lo mejor de la historia del Atlético. Era la época de Ayala, Heredia, luego Leivinha y Luiz Pereira, Panadero Díaz, Benegas, Irureta, Ufarte, Luis Aragonés, Gárate… Un colectivo inolvidable.

Miguel Reina: «Johan engrandeció el fútbol. Es uno de los mejores de la historia. Creó escuela y, por donde fue, exhibió calidad y talento.»

Aquellos eran los tiempos de Johan Cruyff y *Cholo* Sotil en el FC Barcelona, Gunther Netzer y Oscar *Pinino* Mas en el Real Madrid; años en los que solo los dos grandes tenían un marcador electrónico. En los demás estadios se tenían que conformar con el Marcador Simultáneo Dardo, que informaba a los espectadores de los restantes resultados de la jornada liguera.

Un diligente operario, con la radio junto a la oreja, escuchaba el carrusel futbolístico de turno de las emisoras, y manipulaba en lo alto de los fondos de las gradas unos paneles rectangulares, donde no aparecían los

Cruyff bate espectacularmente a Reina en uno de los goles más recordados de la historia del FC Barcelona.

nombres de los clubes, sino marcas publicitarias. Cada anuncio correspondía a un partido. La equivalencia de encuentros-marcas de publicidad se anunciaba en la prensa de la mañana. Así, Dyc podía ser un Atlético de Madrid-FC Barcelona; Camisas Ike, un Real Madrid-Athletic de Bilbao; Reloj Radiant, un Sevilla FC-Real Betis, y Colchón Flex, un Real Zaragoza-Valencia CF. Fue un invento de la agencia de publicidad Dardo, una idea importada de Argentina, que estuvo operativa en algunos estadios hasta los primeros años de la década de los ochenta, en el siglo pasado.

Al lado del resultado aparecían unos signos que el público debía descifrar y que con el paso del tiempo eran populares. Un disco rojo se traducía por penalti en contra; un cuadro negro, un jugador expulsado; una flecha roja, el segundo tiempo; una flecha verde, el descanso. Y así, una secuencia de claves y códigos ayudaba al espectador a interpretar la jornada sin necesidad de escuchar el transistor. El tradicional Marcador Simultáneo Dardo fue desapareciendo al llegar el Mundial de España de 1982 y al modernizarse los estadios con la instalación de nuevos marcadores electrónicos.

Las bebidas alcohólicas invadían los estadios: Dyc, Garvey, Anís del Mono, Anís Castellana… La noche en que el Real Madrid cayó en casa ante el FC Barcelona (0-5), en aquella misma temporada, con Cruyff de figura estelar, el electrónico mostraba los dígitos con sus goleadores, pero en la línea anterior aparecía el eslogan publicitario de turno: «501, qué calorcillo», recreando la campaña de ese brandi.

Johan Cruyff fue un símbolo del futbolista de la calle. De chaval de barrio. Hemos visto imágenes de Johan, antes de fichar a los diez años por el Ajax, jugando y haciendo caños a sus amigos por las adoquinadas calles de Ámsterdam. Johan valora a los jugadores que proceden del fútbol callejero y recuerda todavía el momento en el que los niños lo echaban a pies para elegir a sus compañeros de equipo.

Debutó con el primer equipo del Ajax a los dieciséis años. No tenía fuerza. Sus balones no llegaban al área desde el córner. Pero no le faltaban técnica, velocidad ni desborde. Y con esas virtudes, empezó a comerse el mundo al lado de Piet Keizer, el primer futbolista profesional que hubo en Holanda. Cruyff fue el segundo.

Su gol al Atlético de Madrid, con el paso del tiempo, ha sido imitado con acciones similares. Lo repitió Ismael Urzaiz en San Mamés con el Athletic de Bilbao, ante el Recreativo de Huelva; luego Cristiano Ronaldo con el Real Madrid, y también Radamel Falcao con el Atlético de Madrid.

Sin embargo, el gol de Cruyff de 1973 es histórico. Por su belleza, por la preminencia de su autor y porque, en ese momento, consolidaba al FC Barcelona como líder de la Liga. Había un cambio de ciclo. Y Johan Cruyff lideraba ese proceso. Como dijo un día Johan a Santiago Segurola: «Se pueden hacer tantas cosas con la pelota…» Johan nunca entendió los entrenamientos de futbolistas atletas. Siempre presumió de balón. Y como entrenador, predicó con el ejemplo. El rondo del Barça es, en gran parte, suyo •

MENDIETA

El mendietazo

«El secreto de aquel gol es que no estaba ensayado.
Por eso salió tan bien, porque no estaba preparado.»

GAIZKA MENDIETA,
centrocampista internacional español

FC BARCELONA, 2 - VALENCIA, 3

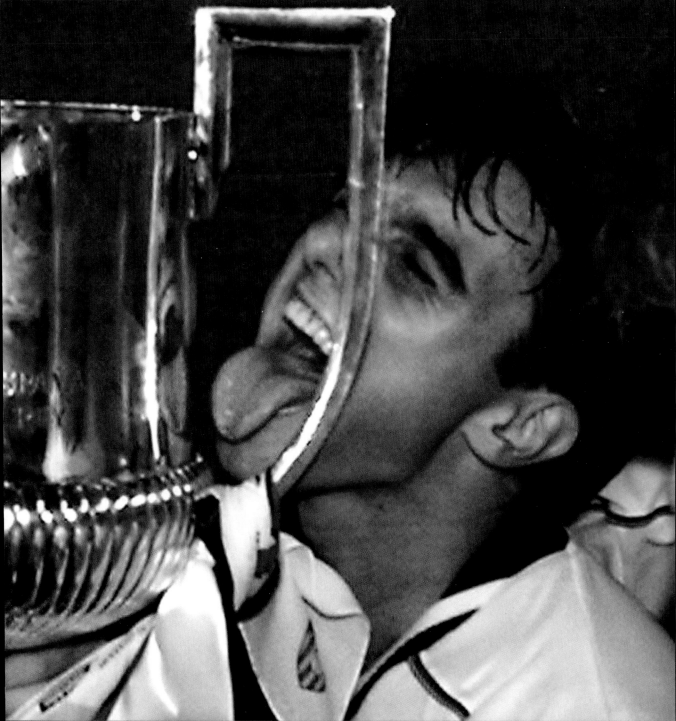

*E*l atletismo y la música. Son las dos grandes pasiones que han acompañado al Mendieta futbolista durante toda su vida. Dos herramientas que le han permitido ser feliz. La música, en su momento, llenaba su tiempo de ocio. Ahora, tras retirarse después de una brillante carrera, es algo más: Mendieta es DJ. Le hemos visto pinchar en el Festival de Benicàssim, en el prestigioso foro del FIB, con su grupo Gasteiz Gang. Temas sibaritas, solo aptos para entendidos. Música de los años sesenta y setenta. Bert Sommer, Celeste, Bronco, Edwards Hand, Gary Farr…

Nueva vida la de Mendieta, autor de varios de los goles más hermosos que ha visto el fútbol español durante el cambio de siglo. De 1992 a 2001 jugó en el gran Valencia que le robó títulos a los grandes. Festejó la Copa del Rey de 1999 con un rotundo 3-0 al Atlético de Madrid y un gol de Gaizka para el recuerdo. Y alzó una Supercopa de España, tumbando al FC Barcelona a doble partido. Mendieta, en ese tramo, llegó a dos finales de la Liga de Campeones, contra el Real Madrid y contra el Bayern de Múnich. En ambas, fue elegido como el mejor centrocampista del torneo.

En esas fiestas se coló Mendieta a menudo con goles imposibles, de otro mundo, y que años después siguen siendo repescados en esa hemeroteca visual que es Internet.

17 de febrero de 1999. Ida de los cuartos de final de la Copa del Rey. Estadio del Camp Nou. Minuto 81. El rumano Ilie se dispone a sacar un córner. El electrónico histórico, situado en la grada central, informa del 2-2 que figura en el marcador.

Ilie coloca el balón en el interior del ángulo del córner. Aún no estaba de moda situarla sobre el borde de la cal. Ilie otea el horizonte y de repente ve a su capitán, inconfundible por su melena rubia, dos o tres metros fuera del área. Mendieta, con el 6 a la espalda, levanta la mano con claridad: «Estoy solo». Ilie levanta la cabeza, le pone el balón a Gaizka y este, con una volea de época, lanza un misil a la escuadra del FC Barcelona. Es un 2-3 que deja encarrilada la eliminatoria.

Habían marcado Kluivert y Rivaldo para el FC Barcelona. El gran Claudio Piojo López fue el autor de los otros dos goles del Valencia. Mendieta puso en órbita con ese gol al Valencia, que entonces dirigía Claudio Ranieri. Era el primer aviso de Mendi, que, a golazo limpio, dio el título de Copa del Rey a su club en la famosa final disputada en Sevilla, contra el Atlético de Madrid. En esa final, Mendieta firmó otro gol demoledor, en una acción individual, con sombrero incluido, que merecería otro capítulo. Gaizka resetea y me cuenta con calma su mendietazo, uno de los tantos más sublimes marcados nunca en el Camp Nou.

—¿Habían preparado ese córner anteriormente en Paterna, en los entrenamientos?

—No, y quizás esa fue la clave, que no habíamos ensayado Ilie y yo nunca.

—Pero le pidió el balón…

—De repente, me vi solo, levanté los brazos, nos miramos a los ojos, no había nadie a mi alrededor. Y, cuando recibo la volea y golpeo la pelota, rápidamente me doy cuenta que va buena. Uno sabe cuándo sale de verdad en la dirección que le marca la bota. Y aquel balón era bueno. Le dije «pónmela aquí» y al tocarla vi que iba dentro. Tengo un recuerdo muy bonito porque nos dio el triunfo y de alguna manera también la clasificación para la siguiente ronda.

Los goles de Mendieta comenzaron a dar la vuelta al mundo. Todos los grandes clubes del momento le quisieron fichar. El Real Madrid, el primero. Al final fue el Lazio, entonces fuerte en el calcio, el que pagó una fortuna (cuarenta y ocho millones de euros) por el futbolista, que ya era internacional indiscutible y se había convertido en un icono para el valencianismo. Sus goles fueron tan grandes que llegaron a ser argumentos para canciones. El grupo Los Planetas le incluyó en su famosa *Un buen día*: «He puesto la tele y había un partido; y Mendieta ha marcado realmente un gol increíble», decía una de sus estrofas.

—¿Es verdad que en un primer instante no tenía claro que Ilie le había visto al borde del área?

—Sí, porque él tenía varias opciones. Ponerla en el pico del área pequeña o bien al segundo palo. Lo mío, al estar fuera de la zona de influencia, realmente era una acción improvisada. Las otras alternativas que tenía Ilie eran más lógicas… normalmente.

—Al fútbol grande lo sostienen los detalles…

—Y la toma de decisiones. Ilie optó por una importante. Mi única preocupación en esos segundos es darle bien a la bola. Siempre esos balones se suelen ir arriba. Hay que acompasar bien el cuerpo y el pie.

—¿Ese gesto se lo corrigen durante su trayectoria deportiva?

—Es algo que explican los profesores en la universidad. Deben estar coordinados el án-

Mendieta: «Mi única preocupación es darle bien a la bola. Esos balones se suelen ir arriba. Hay que acompasar bien el cuerpo y el pie.»

gulo que forma el cuerpo con la caída del balón. Y hay que intentar empalmar el esférico con eficacia. No hay que darle ni muy alto ni muy bajo. El ángulo ideal es de 45 grados. Ese es el perfecto. Aquel día entró espectacular.

—¿Había visto en España algún gol similar al suyo?

—Sí, recuerdo uno de Òscar Garcia Junyent y otro de Zalazar, con el Albacete de Benito Floro.

—¿Qué le aportó practicar el atletismo a su vida deportiva?

—Fue clave en mi infancia practicar atletismo. Mejoró mi condición física. Hice fondo, medio fondo, *cross*. Es cierto que he sido, desde ese punto de vista, un futbolista especial. El atletismo siempre influyó en mi estilo.

—¿Qué aspectos le sirvieron para mejorar su entrenamiento?

—En el día a día, cuidaba al máximo mi entrenamiento. Estiraba, calentaba, le daba mucha importancia a todos esos parámetros. Yo hablaba de eliminar ácido láctico con normalidad, un lenguaje que en el fútbol, cuando

Gaizka Mendieta ganó la Copa del Rey de 1999. En cuartos de final, logró ante el Barcelona el mejor gol de su vida.

yo empecé, no era tan normal.

Mendieta firmó un gol distinto en el Camp Nou. Abrió al Valencia CF el camino hacia la final. Era la ida de los cuartos. En la vuelta también ganó el equipo que entonces dirigía Claudio Ranieri. 4-2, con dos goles también del *Piojo* López, el azote del Barça entonces, uno de Angulo y otro más de Mendieta. Ranieri tuvo en sus manos un grupo modélico de futbolistas. Cuando se cruzó con Gaizka en el vestuario, tras el gol del Camp Nou, le dijo: «¡Qué bien salió la acción ensayada!», le dijo a Mendieta. El jugador sonrió. Jamás había intentado ese remate a puerta. Por eso salió bien. El mendietazo quedó instalado para siempre en el corazón de los valencianistas. Y en la memoria de todos los buenos aficionados al fútbol •

PUSKAS

El fútbol, mejor que la vida

«A Puskas le gustaba más marcar goles que comer.»

José Emilio Santamaría,
exjugador del Real Madrid y exseleccionador de España

«Si le daba una vez al balón, marcaba dos goles.»

Zoltán Czibor,
compañero de Puskas en la selección húngara

Inglaterra, 1 - Hungría, 3 • Real Madrid, 3 - Eintracht de Fráncfort, 1

*F*irmó 83 goles en 84 partidos con la selección de Hungría. Fue una máquina, una envasadora de goles, surgidos de una pierna izquierda letal, con un golpeo seco y sobrio que llenó de alegría los campos de fútbol en la década de los años cincuenta. La FIFA, en su memoria, ha creado el Premio Puskas al mejor gol del año. No podía presumir este galardón de mejor nombre.

A menudo, se otorgan premios sin establecer unas mínimas condiciones o bases. Esta vez, sí. Los criterios para que puedan votar los usuarios de Fifa.com apelan a los siguientes argumentos:

1. El estético (criterios subjetivos: disparo lejano, acción colectiva, gol acrobático, etcétera).

2. La importancia del partido (criterio objetivo: por orden decreciente, selecciones nacionales absolutas, torneos continentales y campeonatos de primera división).

3. La ausencia del factor suerte o de un error cometido por el otro equipo que haya facilitado la consecución del gol.

4. El juego limpio: el jugador no debe haberse comportado mal durante el partido o haber sido declarado culpable de dopaje, por ejemplo.

5. La fecha: goles marcados entre julio del año anterior y julio del año en curso.

Si este premio hubiera existido en vida de Pancho Puskas, más de un trofeo se hubiese llevado a casa. Sus goles eran artículos de lujo. E ideando un juego, un salto en el tiempo, y soñando con un gol que pudiera definir el talento de Puskas en su trayectoria, uno que pudiera haber conquistado el trofeo que lleva su nombre, la labor resulta tan difícil que nos vemos obligados a dar pinceladas de dos tantos: uno con su selección, Hungría, y otro con el club de su vida, el Real Madrid.

Con Hungría, tras colgarse la medalla de oro en los Juegos Olímpicos de 1952, Puskas manejaba el mejor fútbol del planeta. Era un equipo que planificaba el Mundial del 54 en Suiza como máximo aspirante al título. Mientras llegaba el momento, Hungría se dedicaba a dar lecciones de fútbol donde le llamaban. En noviembre de 1953, le tocó el turno a Inglaterra en un amistoso disputado en el viejo Wembley.

Nunca jamás, hasta esa fecha, había perdido Inglaterra en su casa un partido internacional. Puskas dirigió a la orquesta húngara de aquel triunfo histórico, que figura en el *Libro Guinness de los récords*. Y tuvo el placer de sumar el tercer tanto de aquel 3-6. Una acción en el pico del área pequeña, que acabó con un regate espectacular. Puskas pisó el balón, dejó por los suelos con su regate mágico al capitán de Inglaterra, Billy Wright, este se comió el amago y Puskas fusiló al guardameta inglés Gil Merrick.

Fue un huracán aquella selección de Hungría y Puskas merecía su Mundial. Es uno de los grandes que se quedó sin ese cetro. El suyo era el del 54. Una lesión en el tobillo le dejó K.O. durante el torneo. Y solo pudo llegar a jugar la final sin estar en plenitud. Jugó la final tocado. Los dos primeros partidos de Hungría en el Mundial del 54 fueron de altos vuelos. Hicieron diecisiete goles en dos partidos, incluido un 8-3 a Alemania, luego rival de Hungría en la famosa final, conocida por los alemanes como «el milagro de Berna».

Nadie podía creer que Alemania ganase el Mundial de Suiza, teniendo enfrente a Hungría y tras el 8-3 de la fase previa. Sin embargo, Alemania iba a disfrutar de una ventaja tecnológica. Sus jugadores usaron botas con tacos ajustables. Un adelanto en la época. Especialmente en una jornada donde el césped estaba embarrado, con un campo pesado debido a las lluvias caídas horas antes del partido.

Alemania, con sus nuevas botas Adidas, se adaptó mejor al terreno de juego. Adi Dassler, el propietario de la firma deportiva más famosa del mundo, viajaba con su selección como si fuera uno más. Al acabar el Mundial, Adi Dassler fue reconocido como un héroe en su país.

Acabado ese episodio, Puskas vivió una vida de novela, un retrato de exiliado con final feliz, un reencuentro con su esposa Erzsébet y una aventura en el Real Madrid repleta de éxitos. Entre ellos, una final de la Copa de Europa, la de 1960 en el Hampden Park de Glasgow, ante 120.000 espectadores. Para muchos la mejor final del siglo XX. El Real Madrid venció por 7-3 al Eintracht de Fránkfurt. Puskas hizo cuatro goles y Alfredo di Stéfano, tres. Un festival inolvidable en Glasgow, donde aún la gente mayor recuerda, con alguna lágrima en los ojos, esa final en la que Puskas y el Madrid ofrecieron el partido de su vida.

De los cuatro que marcó Puskas, me quedo con el primero, que fue el 3-1 para el Madrid. Su ejecución es todo un clásico de su repertorio. Control encomiable y disparo inapelable,

Nunca jamás había perdido Inglaterra en su casa un partido internacional. Puskas dirigió a la orquesta húngara de aquel triunfo histórico.

siempre buscando la escuadra. Tenía predilección el capitán magiar por mandar el balón a ese ángulo. Era un símbolo de belleza. Por eso, en los entrenamientos, buscaba durante horas la excelencia en el disparo.

En el año 2008, en una pretemporada del Madrid, aprovechando un amistoso en Fráncfort, se brindó un cálido homenaje a los representantes de la gesta, de ambos equipos, porque los dos clubes fueron protagonistas. Por parte del Real Madrid, viajaron Pepe Santamaría, Pachín y Gento. Fue entrañable el encuentro; una cena histórica, donde los futbolistas del Eintracht, como el guardameta Egon Loy o el centrocampista Dieter Stinka, recordaban viejos tiempos.

Especial impacto me causó Stinka, que recordaba de memoria y sin titubear los once futbolistas del Real Madrid que ganaron en Hampden Park. Domínguez; Marquitos, Santamaría, Pachín; Vidal, Zárraga; Canario, Del Sol, Di Stéfano, Puskas y

Ferenc Puskas encabeza a su equipo, como capitán , antes de comenzar el histórico Inglaterra-Hungría (3-6).

Gento. Me lo repetía Stinka una y otra vez. Tenía grabada a fuego aquella alineación. Los jugadores del Eintracht pasaron una noche para no olvidar. Pero la actitud de admiración hacia aquel Real Madrid resultaba ejemplar. Estaban orgullosos de haber sido batidos por un grupo imparable.

Puskas vivió sus últimos tiempos en una clínica de Budapest pegado a una tele. Tenía mando a distancia pero solo un canal llenaba su vida: Real Madrid TV. Día y noche, con la memoria perdida, echaba un vistazo a todos aquellos que vistieron la camiseta blanca. Antiguos, modernos y juveniles. En blanco y negro, y en color. El escudo del Real Madrid le acompañó el resto de su vida.

Hace algunos años, en la serie de Canal Plus *El partido del siglo*, producida por Elías Querejeta y con guiones de Santiago Segurola y Jorge Valdano, Puskas dejó una frase para la historia. En la última fase de su vida, con los ojos llorosos, sentenció: «El fútbol me gusta más que la vida».

Puskas Ferenc (en Hungría, el apellido va delante) tuvo una vida de fábula y, por eso, el director húngaro Almási Tamás realizó un documental, galardonado en la Seminci de Valladolid, en el que se mezcla el fútbol, la historia, las repercusiones por la invasión soviética de Hungría y, sobre todo, su pasión por el fútbol.La única situación en la que se sentía seguro era con el balón en los pies. Ahí, en ese escenario, estaba blindado, no tenía miedo a nadie. Dominaba la situación y el rumbo.

El documental fue exhibido por la Filmoteca Nacional, en el cine Doré de Madrid, y sirvió para poner en valor las verdaderas historias del fútbol. Viendo su vida, repleta de sinsabores, de alegrías, de penas, de desarraigos (tardó décadas en regresar y pisar Budapest), uno se da cuenta de la ausencia de aventuras auténticas, de verdad, emocionantes, en nuestros héroes del siglo XXI.

Puskas, antes de irse al otro mundo, habló a tumba abierta para las cámaras. De niño, desde la ventana de su cocina veía un campo de fútbol de verdad. No tenían nada, robaban una media a su madre, la rellenaban de hierbas secas y fabricaban un sucedáneo de balón que les alegraba el tiempo de ocio.

Fichó por el Madrid en 1958, ya con 31 años. Le dio tiempo a ganar tres Copas de Europa y meterle cuatro goles al Eintracht en aquel sublime partido.

Almási Tamas explicó el sentido del título que puso a su documental, *Puskas, Hungary*, simple y llanamente, porque hasta su casa llegó un día una carta, enviada desde Suecia, con esa dirección en el sobre. Ni calle, ni ciudad, ni códigos postales, ni nombre completo. La misiva atravesó en los años cincuenta varios países con solo esas dos palabras: «Puskas, Hungría». No hacía falta más. Le conocía todo el mundo.

Cuando llegó al Real Madrid, fichado por Bernabéu, entró sin hacer ruido, respetando la jerarquía que en aquel momento representaba Di Stéfano. Era una estrella, pero llegó fuera de forma, muy gordo. Aunque sabía que si adelgazaba veinte kilos volvería a ser el número uno del mundo. Se integró en el equipo, adelgazó, fue aguador cuando se necesitaba, se hizo querer por todos y triunfó.

Fichó por el Madrid en 1958, ya con treinta y un años. Todavía le dio tiempo para ganar tres Copas de Europa y meterle cuatro goles al Eintracht de Fráncfort en Glasgow, en aquel sublime partido. Aprendió castellano leyendo novelas del oeste, me cuenta su gran amigo Pepe Santamaría. La humildad y la sabiduría de la calle le dio aire a aquel Real Madrid de mitos y leyendas •

GERRARD

La cabeza del inglés y las notas de Rafa Benítez

«La clave en Estambul para superar el 3-0 del primer tiempo
ante el Milan era marcar pronto. Lo tengo escrito en mis notas.
Aún las conservo. "Si marcamos, estamos en el partido".
Marcó de cabeza Gerrard, nos salió bien y pasó lo que pasó.»

RAFA BENÍTEZ,
entrenador del Liverpool en 2005

*J*erzy Dudek es un portero polaco. Hijo de minero, también de chaval llegó a bajar al fondo de la tierra, pero el destino le tenía reservado un puesto como futbolista. Lo hizo bien, fue campeón de Europa con el Liverpool parando un penalti decisivo a Shevchenko y disfrutó de sus últimos años como deportista en el Real Madrid. Mejor, imposible.

Tuve la suerte de conocerle y hablar mucho con él durante los dos años de su vida en el Real Madrid. Trabajamos juntos en ese periodo. Tener a Iker Casillas delante le obligó a representar un papel secundario, pero asumible para un tipo de treinta y cinco años, ya de vuelta, pero con ganas de exprimir el último zumo de fútbol y de disfrutar cada sorbo que le brindaba el Real Madrid.

Yo fui uno de los 62.000 privilegiados que vio a Dudek ser el héroe del estadio Atatürk en Turquía. Mandé aquella crónica a todo el mundo a través de la Agencia Efe. Su famoso movimiento, conocido en el Reino Unido como «spaguetti legs», un baile lateral de sus piernas que despista al delantero, le dio éxito a Dudek y provocó una de las celebraciones más recordadas en un campo de fútbol: la de miles de hinchas del Liverpool, buena parte de ellos de clase media, que invirtieron sus ahorros en aquel viaje que les privaba ese año de vacaciones de verano en alguna playa española del Mediterráneo.

Dudek no era un cualquiera. Aunque el fútbol español lo devora todo y olvida pronto, Jerzy tenía su crédito para la gente futbolera de verdad, no para los advenedizos o paracaidistas que se nos cuelan en los medios de comunicación desde otros campos, sin conocer nunca su recorrido profesional.

Un mediodía cualquiera de 2008 le mostré a Dudek en un ordenador portátil un resumen de las imágenes de la final de Estambul. Con Xabi Alonso, con Luis García en el campo, con Rafa Benítez en el banquillo y con Fernando Morientes en la grada sin ficha en Europa en aquella época al haber llegado a Anfield en la segunda vuelta, en el mercado de invierno.

Mientras veía los goles del Milan, los dos de Hernán Crespo y el tercero de Maldini, esperaba con ansiedad el desenlace. Una película ya vivida, pero que la tiene grabada en su memoria. Cuando Steven Gerrard, nada más comenzar el segundo tiempo, mandó con un cabezazo soberbio el balón a la red del portal de Dida, a Jerzy Dudek se le iban nublando los ojos. Y acabó asomándole alguna lágrima.

Riise, desde su banda, colgó un balón; el rebote le vino de nuevo al lateral noruego y ahora sí, a la segunda, Riise puso el balón en el corazón del área. Y dentro. Gol. Gerrard, el jefe, el líder de aquel *spanish* Liverpool inolvidable, arengaba a su tropa, retrocediendo al centro del campo mientras levantaba sus brazos, exigiendo animar más que nunca a esa gente que no les dejó solos en la grada.

Remontó el Liverpool. Marcó Gerrard, después lo hizo Smicer y de nuevo Gerrard provocó un penalti que Xabi Alonso firmó con suspense, al rechazar Dida en primera instancia la pelota. De los tres goles del Liverpool, el 1-3 de Gerrard es impresionante e irrepetible. Contagió ilusión, optimismo y le cambió la cara a un Milan repleto de figuras (Maldini, Kaká, Seedorf, Shevchenko…), que comenzó a ver oscuro el panorama.

Es la final de Copa de Europa más hermosa de mi vida. Estudié en vídeo la de 1960, Real Madrid-Eintracht en Hampden Park, y fue igualmente espectacular, pero la de Estambul es punto y aparte. Al final del partido, en la sala de prensa, apareció Gerrard vestido de futbolista, con botas y barro. Con su camiseta roja de Reebok, su brazalete amarillo y su letra C ilustrada en negro en el interior de la cinta. Parecía un superhéroe. Jamás había visto un futbolista de faena frente a los medios de comunicación en un recinto cerrado. Los futbolistas van de futbolistas solo en el césped. Pero Gerrard era distinto. Transmitía imagen, fuerza y poderío.

A su lado, Rafa Benítez, eufórico, contestaba a una pregunta mía, que como español presumía en primera fila delante de toda la prensa inglesa. Era una noche histórica para Rafa, para Xabi Alonso, para Luis García, para José Manuel Ochotorena, preparador de porteros del Liverpool entonces y antes en la selección española; y para todo el equipo técnico (Paco Ayestarán y compañía), que, en las instalaciones de Melwood, habían dado con la tecla del Liverpool campeón.

Rafa Benítez: «Gerrard tiene un buen disparo, pasa bien en corto y en largo, centra bien, va bien de cabeza y tiene muy buena llegada desde atrás.»

Años después, Rafa Benítez mantiene su casa en Liverpool y, entrene o no en Inglaterra, se escapa de vez en cuando a visitar a su familia y le encuentro en Pozuelo de Alarcón, donde vivió muchos años. Y recuerda con nostalgia aquel primer gol de Steven Gerrard que abrió la puerta al posterior 3-3 y el lanzamiento de penaltis.

—Alineó a Riise como lateral izquierdo ofensivo, incluso llegó a jugar de interior. Tenía una zurda notable. La conexión Riise–Gerrard funcionó y culminó en un gol clave…

—Por la trascendencia, es cierto que podemos considerar este gol como el más importante. Habría otros con sus circunstancias y sus repercusiones, pero este, sin lugar a dudas, tiene el carácter que le otorgas y podemos dejarlo así. Riise, tanto a pelota parada como en acción, siempre metía balones con peligro en el área.

—¿Es verdad que estaba preparando la charla del descanso cuando llegó el 3-0 de Hernán Crespo en el minuto 43?

—Es verdad. En aquel momento yo estaba pensando y ultimando qué decir y, lo que podía ser más importante, cómo decirlo. Porque lógicamente debía hacerlo en inglés y todos los matices, a la hora de transmitir el mensaje en ese corto espacio de tiempo, eran absolutamente trascendentales. El partido no se nos había puesto precisamente bien y había cosas que corregir, intentando apurar nuestras opciones de volver a entrar en el encuentro lo antes posible.

—¿Había visualizado o comentado la hipótesis de hacer un gol rápido para creer en la remontada?

—Efectivamente, la clave era conseguir marcar pronto y meterse otra vez en la final.

Te puedo comentar como anécdota que lo tengo escrito en mis notas del encuentro: «Si marcamos, estamos en el partido». Y te lo pongo en presente porque literalmente lo tengo; conservo todavía las notas, mis apuntes de aquella noche; y ahí está señalado de forma especial. Luego nos salió bien y pasó lo que pasó.

—¿Había algún detalle estadístico de Dida, el portero del Milan, que invitase a atacar alguna debilidad?

—Como es norma en mi equipo de trabajo, nosotros teníamos controlado, por ejemplo, el lugar al que lanzaban habitualmente los penaltis la mayoría de los jugadores del Milan y otros aspectos similares. Pero con respecto a Dida, la verdad es que no había nada especial, más allá de los comentarios normales similares a los de otros futbolistas del equipo rival.

—Gerrard se impone por arriba en el salto a Nesta y a Stam. Les gana la posición. Llamó la atención…

—También en este caso vale lo que te dije antes. No había nada especial más allá de sus características fundamentales. Se trataba de dos excelentes jugadores, muy fuertes y con bastante experiencia acumulada por parte de ambos.

—¿Cómo es Gerrard personalmente?

—Así, de primeras, y con capacidad de síntesis, creo que habría que decir que es un buen chaval, un buen amigo de sus amigos en lo eminentemente personal y como característica más definida. En lo deportivo, es muy potente físicamente y con una gran calidad técnica. Como es muy completo, a su calidad une su potencia para hacerlo un futbolista muy efectivo y muy peligroso. Gerrard tiene un buen disparo, pasa bien en corto y en largo, centra bien, va bien de cabeza y tiene una muy buena llegada desde atrás. Un jugador muy completo.

—Futbolista polivalente, en la final llegó a jugar en cuatro demarcaciones diferentes, acabó la final en la posición de lateral derecho…

—Creo recordar que conmigo ha jugado al menos en cuatro posiciones distintas. Lo ha hecho de medio centro, en la banda derecha, como segundo delantero y, por circunstancias, bajaba a defender a Serginho como lateral derecho en la famosa final de la Champions League en Estambul. Siempre ha marcado bastantes goles porque yo le daba libertad para incorporarse y su mejor rendimiento lo ha obtenido como

Este gol de Gerrard abrió las puertas del milagro en Estambul. Después vinieron dos más del Liverpool y la Champions.

segundo delantero, cuando ha jugado justo por detrás de Fernando Torres.

—Hay una foto suya con Gerrard, celebrando con la copa en la mano y dedicándole el título a la gente de Liverpool. ¿Qué le ha dado esa Copa de Europa?

—Lo primero que he de decirte en cuanto a lo que siento es que se trata, sobre todo, de orgullo y de satisfacción. Orgullo porque el hecho de conseguirla fue a base de mucho esfuerzo, de un enorme trabajo, entrenando en otro país, con otra cultura, otra lengua, otras costumbres y sin ser favoritos. Y satisfacción porque, al final, todo ese trabajo tuvo su éxito y pudimos disfrutarlo. Y no siempre es así, a las pruebas me remito.

—Creo, Rafa, que esa final fue la culminación de muchas horas de trabajo. Desde aquella antigua Ciudad Deportiva del Real Madrid, pasando por sus experiencias en clubes modestos, hasta su triunfo en Valencia. En aquella final de Gerrard en Estambul había mucho de su cuaderno…

—El público en general tal vez no se da cuenta de la dificultad que entraña llegar a una final, a la final de una competición como la Champions League, con un equipo que no era precisamente el favorito contra clubes como el Bayer Leverkusen, la Juventus de Turín, el Chelsea o el propio Milan.

Algunos pueden hablar de la suerte como un factor importante, pero el compromiso de los jugadores y los ajustes tácticos que íbamos haciendo para cada uno de los partidos a los que nos íbamos enfrentando terminaron por llevarnos a esa final. De inicio, aposté por Xabi Alonso y Gerrard para aprovechar nuestra calidad con balón y ser más ofensivos, pero, cuando salió Hamann, y le dimos equilibrio al equipo, es cuando verdaderamente controlamos el encuentro. Desde entonces, desde ese momento, manejamos mejor el balón, tuvimos nuestras opciones al igual que ellos, pero ya se veía que podíamos presentar nuestra candidatura para ser el vencedor final.

—El lanzamiento de penaltis ¿cuánto tiene de análisis previo?

—Los penaltis siempre dependen del factor suerte, pero sabíamos por dónde lanzaban la mayoría de sus jugadores, por el enorme y minucioso trabajo previo que habíamos hecho durante muchos años. Yo tengo una base de datos que empecé a completar cuando estaba en los juveniles del Real Madrid. En ella, y entre otras cosas, iba anotando todos los lanzamientos de penalti que veía, tanto en directo como a través de la televisión; y eso es lo que utilizamos aquella noche. Y no solo en esa final, también en la de la FA Cup que ganamos al año siguiente, e igualmente a través de los lanzamientos desde el punto de penalti. Luego, tener un buen portero como Dudek y nuestro equipo técnico trabajando detrás resultaron igualmente claves.

La final de Gerrard, la final de Dudek, la final de Xabi Alonso. Hubo muchas finales en un mismo partido. Un partido memorable, un duelo histórico para degustadores del buen fútbol y una Copa de Europa que permiten a Rafa Benítez ser para siempre una leyenda en el Reino Unido. Dudek fue muy autocrítico durante toda su carrera. Piensa que el único día del que se puede sentir orgulloso es el de la final de Estambul. Es exagerado. Pero sí. Fue la noche de Dudek ●

> La final de Gerrard, de Dudek, de Xabi Alonso. Hubo muchas finales en un mismo partido. Un partido memorable para degustadores del buen fútbol

MESSI

La copia perfecta del gol de Maradona

«Messi es un jugador de PlayStation.»

ARSÈNE WENGER,
entrenador francés del Arsenal inglés

«Había que aplicar en esa jugada una ley de la ventaja continua.
Messi recibía entradas de sus rivales, pero no le tiraban.
Como árbitro, es el mejor gol que he visto en mi vida.»

MEJUTO GONZÁLEZ,
árbitro del FC Barcelona–Getafe esa noche

FC BARCELONA, 2 - GETAFE, 0

*U*nos ingenieros japoneses embutieron un día a Leo Messi en un traje de neopreno. Lo encerraron en una habitación amplia y diáfana. Y con el apoyo de rayos láser y la filmación de una cámara Phantom, capaz de captar 1.000 fotogramas por segundo, recrearon la fisonomía perfecta del cuerpo de Leo.

El fútbol es la prolongación de la infancia. Por eso, las estrellas sueñan con anunciar las marcas que consumieron de niño. Leo Messi, de pequeño iba a casa de su mejor amigo a disfrutar de la PlayStation, que maneja con la misma habilidad con la que juega sobre el césped. El Pro Evolution Soccer 2010 lo rodó con la ilusión de un adolescente. Leo prestó su imagen mientras se divertía. Le pagaban bien, pero seguro que lo habría rodado gratis.

Los informáticos recrearon un sinfín de acciones individuales de Messi con el balón en juego. Leo se lo tomó muy en serio. Igual de perfeccionista que es en el campo lo es también en la Play. Messi disfrutó y quedó tan satisfecho del resultado que llegó a decir que su álter ego informático era mejor que el de carne y hueso.

Arsène Wenger fue el primero en definir a Messi como un «jugador de PlayStation». Konami, la multinacional del sector del entretenimiento, también lo sabía. Leo acababa de ganar la Champions League en Roma ante el Manchester United. Y justo dos días después, cuando todo el mundo salía disparado de vacaciones, él tuvo un rato de felicidad para convertirse en argumento de la informática.

18 de abril de 2007. Años antes del liderazgo absoluto de Messi en el fútbol mundial, dejó un gol irrepetible. Se jugaba la semifinal de la Copa del Rey ante el Getafe. El partido de ida era en el Camp Nou, el refugio de un chaval nacido en Rosario (Argentina) que aquella noche emuló al gran icono argentino, Diego Armando Maradona.

Si uno pasea por la calle Florida, en pleno centro de Buenos Aires, por las tiendas anexas a las Galerías Pacífico, el turista puede pensar viendo los escaparates que Maradona está aún en activo. Veintiséis años después de haber ganado Argentina el Mundial de México 86, su camiseta, la albiceleste con cuello de pico de la marca Le Coq Sportif, con el 10 a la espalda, la mítica de Maradona, todavía se vende con éxito. Es uno de los reclamos de esa Argentina, que todavía exporta tango, soja y futbolistas a Europa.

Por eso, mérito extra tiene el poderío y la influencia de Leo Messi en la sociedad. Su talento es descomunal y la noche que tumbó al Getafe (5-2) en la Copa del Rey, con un gol similar al de Maradona ante Inglaterra, la famosa acción en la que dribló futbolistas como fichas de dominó, siempre permanecerá en la retina no solo de los aficionados del FC Barcelona, sino también en el corazón de todos los hinchas del planeta.

En el argot del fútbol, Messi no regatea, «limpia» futbolistas. Los deja atrás boquiabiertos por sus fintas y por su velocidad con el balón cosido a su bota izquierda. Minuto 28. Xavi, en el centro del campo ejerce de Negro Enrique con Maradona y le entrega la pelota en la línea divisoria del terreno de juego. Echado a la banda, Leo encara primero a Nacho, lo liquida con un túnel; con otro toque sutil se va de Jabalí Paredes; después elude a Alexis, entra en el área, se libra de David Belenguer, engaña a Luis García, el guardameta del Getafe, y cruza el balón a la red por encima incluso de Cortés, el lateral del equipo madrileño.

> Un monumento al fútbol. Un gol de vitrina. Gudjohnsen o Deco no daban crédito y se echaban las manos a la cabeza en señal de admiración.

Un monumento al fútbol. Un gol de vitrina. Compañeros entonces como Gudjhonsen o Deco no daban crédito a sus ojos y se echaban las manos a la cabeza en señal de admiración. El Camp Nou en pleno se puso en pie y exhibió pañuelos blancos de admiración.

Bernd Schuster era entonces el entrenador del Getafe, equipo que dirigió con éxito, y cuya labor le llevó poco después a dirigir el Real Madrid. En el Getafe, Schuster dejó huella. Al acabar el partido, el técnico alemán, uno de los jugadores con más elegancia que jugó en el FC Barcelona de los años ochenta, no entendía cómo Messi pudo recorrer tantos metros sin sufrir una entrada. Schuster comentó que, en una semifinal de Copa, no se puede ser tan noble y Leo debió ser frenado antes de llegar al área, aunque costase una tarjeta amarilla.

El estatus de Messi comenzó a subir con goles como este, un clon del conseguido por Maradona. En ese partido no jugó Ronaldinho, hasta ese instante el héroe de la afición del FC Barcelona, pero que ya comenzaba a declinar y a tener más descanso que fútbol, a las órdenes de Frank Rijkaard.

Jorquera; Zambrotta, Puyol, Márquez, Gio; Xavi, Deco, Iniesta (Ezquerro, min. 82),

Messi (Saviola, min. 76), Gudjohnsen (Oleguer, min. 66) y Eto'o, por el Barcelona. Y por el Getafe: Luis García; Cortés, Belenguer, Alexis, Paredes; Casquero, Cotelo (Pachón, min. 83) Alberto (Güiza, min. 46), Celestini, Nacho y Manu del Moral. Fueron los privilegiados futbolistas que formaron en el Camp Nou el día en que Messi le discutió el cetro a al mismísimo Diego Armando Maradona.

Un testigo excepcional fue el árbitro, Mejuto González, del Comité Asturiano. Un árbitro internacional español. Un clásico de nuestro fútbol. La vida le tenía guardada alguna sorpresa más. Dirigió la final de la Copa de Europa en Estambul, la que jugaron Liverpool y Milan. Otra joya. Mejuto trabaja ahora en Correos. Ha pitado más de trescientos partidos en primera división, otros cien en competiciones internacionales, pero como el gol de Messi no vio otro.

—¿A un árbitro le da tiempo de disfrutar de esa proeza de Leo Messi?

—Sí, claro. Fue una acción rápida de Messi, donde lo normal es que, arrancando desde el centro del campo, tarde o temprano

Ángel Torres: «Laporta se dio cuenta del nivel del golazo cuando lo vio repetido en el monitor. De primeras, no. Luego vio que ese gol era de otro mundo.»

caiga al suelo. Sin embargo, Messi iba sorteando rivales sin perder el equilibrio.

—Me imagino que atento a pitar falta…

—Sí, pero con mucho cuidado porque en ese momento hay que aplicar una ley de la ventaja continua. Messi va recibiendo entradas pero no le tiran al suelo. Él aguanta como Maradona, pisa el área y encuentra el gol. Como árbitro es el mejor gol que he visto.

—¿Qué comentó con sus ayudantes?

—Coincidimos en que habíamos sido testigos de un gol fantástico, irrepetible. Al pitar el final, todo el mundo se fue hacia él, incluidos los jugadores del Getafe, que le felicitaron. Ese gol de Messi dejó en el Camp Nou una huella imborrable.

En el palco, Ángel Torres, el presidente del Getafe, lo vio claro desde la primera secuencia. Es un estudioso del fútbol. Y, de inmediato, cuando ve el gol de Messi dentro de la portería, me confiesa que le dice a Joan Laporta, entonces presidente del FC Barcelona: «Es el gol más bonito que he visto en mi vida».

—¿Qué le dijo Laporta?

—Laporta se dio cuenta realmente del nivel del golazo cuando lo vio repetido en la tele, en el monitor que teníamos en el palco. De primeras, no. Luego, vio que ese gol era de otro mundo.

—¡Qué difícil debe ser tirar a Messi en ese eslalon…!

—Hay que tener en cuenta que Leo Messi, en ese momento, tenía diecinueve años. Es un dato importante. La gente no se acuerda, pero el chaval firmó ese gol siendo un crío. Ahora es normal verle irse de los contrarios, con el cuerpo ya formado y su constitución de hombre. Por eso, tiene aún más mérito. Ahora bien, cierto es que fue un gol de leyenda, pero, afortunadamente, era un partido de ida, en la Copa del Rey, y a aquella eliminatoria aún le faltaba la vuelta. Perdimos 5-2, pero quedaban noventa minutos. Para nosotros, un club como el Getafe, era un sueño poder eliminar al FC Barcelona.

—Cuente…

—La vuelta fue un partido inolvidable. Ganamos 4-0 en el Coliseum con dos goles de Dani Güiza, uno de Casquero y otro de Vivar Dorado. Nos plantamos en la final ante el Sevilla FC en el Bernabéu. Era la primera final de Copa de nuestra historia. Pudimos ver en la ida el gol cumbre de Messi y en el segundo partido, una noche histórica del Getafe.

Ese Getafe era un equipo liderado por Javier Casquero y con Vivar Dorado al mando de las operaciones. Para el Getafe, la Copa del Rey ante el FC Barcelona fue un regalo. Para el barcelonismo, el recuerdo se centra en un gol de Messi, que dejó boquiabierto al Camp Nou. Con la pelota imantada al pie, la grada reflejó admiración absoluta y Frank Rijkaard, entonces entrenador azulgrana, no paraba de aplaudir. Obnubilado, Rijkaard, que de jugador en el Milan vio a los más grandes a su lado, de Gullit a Van Basten, festejó emocionado el tanto durante dos minutos. El juego seguía, pero la película del gol pasaba por su mente una y otra vez. Era la noche de Messi, un chaval que apuntaba alto, y que daba sus primeros pasos para ser elegido años después como el mejor jugador del mundo.

Messi es el rey de las consolas. Su juego es cercano a los niños. Porque sortea futbolistas como si fueran conos de entrenamiento. Su superioridad absoluta le da un aire de abusón en el patio del colegio. Valdano dijo un día que Romário era un jugador de dibujos animados. Un saltito más, una evolución de la ciencia nos lleva al mundo 2.0. Y ahí Leo Messi es el número uno.

El gol de Messi, como toda acción faraónica, se escapó del rectángulo de juego. Y se convirtió en un postre. Un dulce de lujo. Un dulce de leche. Un complemento con acento argentino. De la mano de Jordi Roca, el menor de los hermanos que han colocado al restaurante El Celler de Can Roca (Girona) con tres estrellas Michelin, Messi se transforma en un plato *show*. Roca experimenta y ofrece una textura para que el gol de Messi tenga sabor. Para lograr ese objetivo, inventó una alegoría masticable. Un postre que proporciona satisfacción al término de una comida interesante.

Postre del restaurante El Celler de Can Roca de Girona recreando el fantástico gol de Leo Messi al Getafe.

Primero, buscó el continente. Un plato cualquiera no podía sujetar su reto. Encontró uno blanco, con la forma de medio balón. En la superficie, un relleno de hierba sintética. El contenido muestra un zig-zag donde una bolita de helado de dulce de leche rueda por un circuito de metacrilato hasta que desemboca en una portería con las redes de azúcar glasé.

La bola de helado al estrellarse se funde en una *mousse* sublime. Polvo de menta, crema de limón, fruta de la pasión, merenguitos con caramelo de violetas —que representan a los jugadores rivales—, aromas balsámicos, bergamota reconfortante, bolitas de Peta Zetas con chocolate. Un placer para los sentidos. Hay incluso un acrónimo inscrito: i+.

En catalán es *«i més»*, que repetido se transforma en *«imesimesimesimes...»*. La expresión fue empleada por Joaquim Maria Puyal en su transmisión radiofónica para definir el gol de Leo.

El Celler de Can Roca es tal mundo de sensaciones que el postre llega acompañado de dos altavoces redondos que reproducen la voz de Puyal en Catalunya Ràdio. El divertimento solo se sirve a petición del cliente. El gol de Messi tiene sabor. Entra por los ojos. Y Jordi Roca, otro genio, este en la cocina, ha sabido maridar la euforia y el dulce. Un *frikipostre* serio que aúna sabores y olores ●

TORRES

La Eurocopa de 2008

«Me metí por fuera y pude contactar con el balón, el campo estaba rápido y entró. Si llega a estar seco, igual se va fuera. Pero fue pegado al palo y entró. Una alegría inmensa.»

FERNANDO TORRES,
autor del gol que dio a España la Eurocopa de 2008

ESPAÑA, 1 - ALEMANIA, 0

Torres number nine. Por fin España superó su calvario de los cuartos de final en la Eurocopa de Austria en 2008. Fernando Torres, con el nueve a la espalda, explotó sus cualidades de delantero moderno, potente y veloz para marcar un gol histórico, en el Ernst Happel Stadion, a Alemania en la final. Desde 1964, España no levantaba un título, sin contar el oro en Barcelona 92. Nuestro fútbol necesitaba una alegría. Habían pasado cuarenta y cuatro años desde el gol de Marcelino, en 1964, cuando España ganó la Eurocopa frente a la URSS.

Año 2008. Un año para recordar. En esos doce meses, Barack Obama es elegido presidente de los Estados Unidos, *Slumdog millionaire* gana en Hollywood el Óscar a la mejor película, Lewis Hamilton es campeón de Fórmula 1 conduciendo un McLaren, el jamaicano Usain Bolt corre los 100 metros en los Juegos Olímpicos de Pekín en 9,69 segundos.

Pero en el mundo del fútbol, todo se focalizó en una Eurocopa, que acabó en Viena como un cuento con final feliz. De entrada, la clave fue el grupo. La fase de clasificación fue una agonía. Volcánica. Pero la experiencia dicta que, si se sobrevive, como es el caso, se blinda el grupo y se une en torno a un entrenador (Luis Aragonés), el talento acaba apareciendo.

La selección formó una familia. Desde el inicio hubo empatía en la concentración del pequeño pueblo de Neustift, en el Tirol austríaco, donde con acierto se alojó España. Antonio Limones, desde la federación, eligió un enclave brillante que acabó por ser la auténtica Casa de España.

El afecto de los habitantes de Neustift y de los empleados del hotel ayudó a la selección a mantener un clima de confort durante todo el torneo. El primer día, los jugadores fueron recibidos por un grupo de niños que cantaban el *Veo, veo* que hizo popular Teresa Rabal, y que emocionó a los jugadores, especialmente a aquellos que tienen hijos pequeños. Los internacionales recibieron de regalo una cruz de madera como primer obsequio de hospitalidad. Una cruz que se quedó en el comedor y que viajó en el bus de la selección durante todos los trayectos hacia los partidos de la Eurocopa.

Sufrieron los jugadores una dieta rígida. El doctor Candel tuvo su apelativo de inmediato. «El doctor Hambre» le llamaban los jugadores. La alimentación es uno de los factores determinantes en la vida del deportista y los internacionales españoles se sometieron a meticulosos análisis, como es la norma.

España aniquiló a Rusia, a Suecia y a Grecia en la primera fase con la posesión de balón como argumento. Como dice Luis Aragonés, España defendió teniendo el balón. Con la pelota en tu poder, dominas el juego y el contragolpe, la piedra angular que siempre ha dominado el técnico madrileño en su carrera como entrenador.

El 4-1 contra Rusia, con tres goles de Villa y uno de Cesc Fàbregas de cabeza, el primero de su vida, animó a España. Mientras, el ritmo de la música que pinchaba Sergio Ramos, y su flamenco, animaron la vida de España en sus momentos de concentración.

Fernando Torres: «Fue un excelente pase de Xavi. El defensa Lahm se confió y me dio tiempo de buscar mi espacio y poder picar la pelota sobre Lehmann.»

A Fernando Torres le comenzaban a salir las cosas. Un gol de estrategia ante Suecia, ensayado durante la semana, le avisaba de lo que podía venir más adelante. Había buenas vibraciones. Si las jugadas a balón parado salían, buena señal.

Los seis puntos y la clasificación automática para los cuartos de final dio a Luis Aragonés la oportunidad de unir aún más al colectivo. Los menos habituales también iban a tener su participación. Frente a Grecia, en Salzburgo, Luis dio descanso a los titulares. Y los que salieron cumplieron con nota. Rubén de la Red se estrenó como goleador en una Eurocopa. Con el tiempo, tuvo que alejarse del fútbol por un problema cardiaco, pero ese título no se lo quita nadie. Siempre podrá presumir Rubén de una Eurocopa que ganó justo cuando se encontraba en el mejor momento de su vida deportiva.

En cuartos de final apareció Italia. Los penaltis por fin se aliaron con España. A menudo España ha vivido situaciones límite. Como refleja la película *Match point*, de Woody Allen, a veces la pelota cae a uno u otro lado del campo. Y la vida te puede cambiar. Esta vez cayó del lado español.

Iker Casillas estuvo inmenso. Le paró dos penaltis a De Rossi y a Di Natale. Y calmó a Dani Güiza, que falló uno y se puso a llorar. Iker le dio tranquilidad. Cesc Fábregas, en el instante más importante de su vida, batió a Gianluigi Buffon con solvencia y el reto estaba resuelto. Rusia volvía a ser rival, ahora en semifinales. Y tras saltar esa valla, llegó el desafío, la gran final. Enfrente, Alemania.

29 de junio de 2008. Es la hora de la verdad. Surge la frase de siempre. La escuchan Iker, Puyol, Ramos, Xavi, Iniesta y compañía.

Las finales no se juegan; se ganan. Y ahí incidió Luis Aragonés, especialmente con Fernando Torres, un jugador especial para él. Lo vio subir de niño al primer equipo del Atlético de Madrid. Y ahora lo tenía ahí de nuevo, más hecho, jugando en el Liverpool, con el que llegó ese año hasta las semifinales de la Champions League.

A finales de 2011, en el acto de presentación de su libro *Torres number nine*, Fernando, acompañado de Antonio Sanz, su jefe de prensa, recordó un mes de enero de 2002, en el estadio de El Plantío en Burgos, jugando en Segunda División con el Atlético, cuando Luis Aragonés le obligó a saltar al campo con botas de tacos de aluminio. Hasta entonces, Fernando usaba tacos de goma. «Con las de aluminio se escurrirá menos», le dijo. Y las viejas botas acabaron en la basura de El Plantío.

Y es que Luis Aragonés siempre ha estado muy atento a la trayectoria de Fernando. Confía mucho en él y siempre le ha exigido. En la distancia corta, Luis y Torres han vivido multitud de experiencias. Por eso, antes de la final en el Ernst Happel de Viena, en la caseta, a

Fernando Torres:
«Siempre veía a otros ganar y dar la vuelta al campo con su bandera. Ahora nos tocaba a nosotros. Era un sueño.»

punto de salir a calentar, Luis se acercó a él buscando un plus de motivación y un punto de cábala, que pone en guardia a todo futbolista instantes antes de uno de los días más importantes de su vida. Mirándole a los ojos, Torres escuchaba en su asiento.

—Hoy usted va a marcar dos goles. Ya se lo dije un día en el Atlético de Madrid.

Le dio un beso en la frente y le dejó bendecido. Era el día de Fernando Torres. Las charlas de Aragonés durante la Eurocopa son recordadas. Las comentan Puyol, Xavi, Iker. En los días previos a la final todas acababan en torno a Michael Ballack, el jugador entonces del Chelsea, que era el líder de la selección alemana.

Luis le llamaba Wallace (pronunciado, *gualas*) en vez de Ballack. Al repetirlo varias veces y ver a sus jugadores sonreír, Aragonés con sorna afirmó: «Le llamo Wallace porque me sale de los cojones. Sé perfectamente cómo se llama». El seleccionador ayudó a relajar el ambiente con ese tipo de chascarrillos, que, en plena tensión, distraían al futbolista. Como apunte final, en pleno túnel de vestuarios, antes de enfilar el césped, con los dos equipos en formación, Aragonés por fin vio de cerca a Ballack, se le acercó y le dijo: «Suerte, Wallace». Las imágenes de televisión mostraron luego cómo consiguió una sonrisa de los suyos. Les guiñó un ojo y se fue el banquillo. La suerte estaba echada.

Minuto 33. Xavi pone en profundidad un balón a Fernando Torres. Un pase de cine. Torres realiza un desmarque de ruptura inteligente, gana la espalda por velocidad a Philippe Lahm y eleva el balón por encima del portero alemán, Jens Lehmann. Un golazo. Un grito para la posteridad. Una obra de arte.

—¿Cuándo comienza a ver que esa España iba en serio hacia el título?

—Desde el primer día vimos que la selección disfrutaba de un ambiente extraordinario. Y te das cuenta en el campo; todo el mundo aprieta, presionábamos juntos, había un colectivo. Lo individual estaba en un segundo plano. Lo primero era el equipo. Sabía nada más llegar a Austria que allí podía pasar algo bueno.

—Narre el gol de su vida…

—Fue un excelente pase de Xavi, creo que el defensa Lahm se confió y me dio tiempo de buscar mi espacio y poder picar la pelota por encima de Lehmann. Posiblemente no se entendieron bien entre ellos y yo aproveché la ocasión. Me metí por fuera y pude contactar con el balón; el campo estaba rápido y entró.

Si llega a estar seco, igual se va fuera. Pero fue pegado al palo y entró. Una alegría inmensa.

—En nombre de todo el fútbol español, nos quitaron un peso de encima con esta Eurocopa…

—Sí, ya comenzábamos a competir por los títulos. Lo miraba por la tele hasta entonces cuando veía a otros ganar y dar la vuelta al campo con su bandera. Ahora nos tocaba a nosotros. Era un sueño.

Iker, como le suele ocurrir a los porteros, no lo pudo ver bien en directo. Lo celebró con el público. En el palco le esperaban los reyes de España para felicitarle y Michel Platini, el presidente de la UEFA, para entregarle el trofeo. Antes de hacerlo, Platini le dijo algo al oído: «En 1984, yo hice que España perdiera. Veinticuatro años después, tengo el placer de entregar a un portero español el trofeo de 2008». Se refería Platini al gol que le marcó al gran Luis Arconada, el ídolo de crío de Iker, que en aquella final no tuvo su día. Iker recogió la copa, se subió a un pedestal y lo celebró con todos los españoles. Aquel 29 de junio de 2008, España aprendió a ganar. Fernando Torres está en el corazón de la gente desde entonces ●

PELÉ
El sombrero del 58

«El gol de Pelé a Suecia fue un sombrero tranquilo.
Yo lo tengo en un altar. Ha sido el mejor jugador del mundo.
La primera vez que jugué contra él me quedé hipnotizado.»

LUIZ PEREIRA,
defensa internacional brasileño, exjugador del Atlético de Madrid y amigo de Pelé

BRASIL, 5 - SUECIA, 2

«*B*rasil come y bebe fútbol», dice Pelé. Cuando uno llega a Río de Janeiro observa atónito como en la playa se disputan partidos sin fin. A las dos, a las tres de la madrugada, en un bucle que comunica la noche con la mañana. Siempre hay chicos jugando al fútbol.

Tardó Brasil en ganar su primer Mundial. No lo hizo hasta 1958, en Suecia, cuando emergió Pelé al primer plano de la actualidad con diecisiete años. Era un chaval que, cuando se dio cuenta de la hazaña, y tras ganar a Suecia por 5 a 2 en la final, rompió a llorar para liberar su tensión. Didí, el portero Gilmar y Orlando le consolaban en la banda. Brasil era campeona del mundo. Y Edson Arantes do Nascimento iniciaba su leyenda. En el Rasunda Stadion, en Solna, zona situada al norte, en el extrarradio de Estocolmo, 49.737 espectadores asistieron a la puesta de largo del gran Pelé.

La publicidad que rodea el perímetro del césped es curiosa. Solo hay marcas de electrodomésticos: Telefunken, Philips y AEG se asoman a la fiesta de Pelé. El 3-1 fue una joya. Minuto 55. Didí sirve un balón a Pelé en el

área, este baja la pelota al suelo con el pecho, la levanta por encima de Gustavsson con un sombrero de ensueño y, sin dejarla tocar el suelo, fusila por abajo a Kalle Svensson.

Un gol para poner en un marco. Firmó también el 5-2 en el minuto 90, de cabeza. Pero el bueno, el auténtico, el genuino, el que dispara las entradas en YouTube cincuenta y cuatro años después, es el 3-1; el embrión de una vida apasionante al lado de Garrincha y Vavá, que se prolongó hasta el Mundial de 1962, y que explotó en 1970, rodeado por Jairzinho, Gerson, Tostão, Rivelino o Carlos Alberto.

El gol del sombrero fue televisado a casi todo el mundo, menos a España. Por primera vez, un Mundial recibió cobertura internacional. Sigge Parling, defensa de Suecia, nada más terminar la final reconoció que, tras el quinto gol, le entraron ganas de aplaudir. Años después, en 1992, con motivo de la Eurocopa, Pelé regresó a Estocolmo y a Göteborg. Aterrizó allí por compromisos publicitarios. Y volvió a recordar viejos tiempos, los del 58, cuando, según él, le perseguían chicas suecas que suspiraban por sus huesos.

Pelé disfrutó en su vuelta al país que le sirvió de trampolín en el fútbol y en la vida. En una suite del hotel Sheraton tuve la ocasión de entrevistarle. Antes de sentarse, abrió el armario y allí descubrí que tenía varias chaquetas colgadas, impecablemente planchadas, y cada una con un escudo publicitario en el pecho.

Pelé era un anuncio andante. Cuestionó a su asesor: «¿Qué chaqueta me pongo?» «La de MasterCard», le respondieron. Las de otras multinacionales quedaban para otro momento. Pelé ha viajado sin parar por todo el mundo, casi siempre por motivos publicitarios. En Madrid estuvo de la mano de la multinacional Pfizer, el laboratorio que comercializa la Viagra.

Cuando llega a Madrid siempre llama a un amigo. A un brasileño. Internacional. Muy querido en el que fuera su club, el Atlético de Madrid, donde trabaja en su ciudad deportiva. Luiz Pereira jugó el Mundial de 1974 en Alemania y solo tenía nueve años cuando Pelé ganó el Mundial de 1958. Vivía en São Caetano, en el área de São Paulo. Y Luiz confiesa que salió a la calle, al lado de miles de compatriotas que lo celebraron en las calles, a ritmo de samba, baile y alegría.

—Pereira, ¿cómo recuerda el famoso gol de Pelé en Solna ante Suecia?

—Fue un sombrero tranquilo. Sin dejarla tocar el suelo, y tras un soberbio control con el pecho, le pega de maravilla y marca un gol hermoso y venerado en Brasil. Pelé era un niño y después marcó muchos goles importantes, pero siempre fue uno de los más tras-

cendentes de su vida. Al Mundial de 1962 llegó muy tocado, en la Copa del Mundo de Inglaterra en 1966 le lesionaron y fue ya en 1970 cuando hizo ante Italia otro golazo para la historia. Un cabezazo prodigioso. Se suspendió en el aire con autoridad. Yo le digo a Pelé que parecía un helicóptero.

—Pelé es tan grande que hasta son recordados como goles los que no lo fueron…

—Tuvo alguna frustración, sin duda, como no haber podido marcar aquel gol desde el centro del campo a Checoslovaquia en el Mundial de 1970. O aquella finta increíble a Ladislao Mazurkiewicz, portero de Uruguay, en el mismo Mundial, que tampoco acabó en gol, pero que sigue dando la vuelta al mundo por su estética.

—¿Cómo fue la primera vez que jugó contra Pelé?

—Él jugaba en el Santos y yo estaba empezando; era un joven que aprendía en el São Bento, mi primer equipo. El Santos venía de una gira por España. Cuando le miraba me quedaba hipnotizado. Admiraba su fútbol y su personalidad, su humildad. Cuando me encaraba, no podía con él; se iba con autoridad. Le tengo en un altar. Ha sido el mejor jugador de todos los tiempos sin duda alguna. Dominaba todos los aspectos del juego; era de estatura normal, algo bajo, pero se mantenía en el aire con suficiencia. —Hace una pausa y prosigue—. Mi hija Marcella solo ha pedido tres autógrafos en toda su vida. Se los pidió a Zico, a Rivelino y a Pelé. Los tres llevaron el número diez.

—¿Dígame qué ha llegado a provocar la fama de Pelé por todos los rincones del mundo?

—Pelé es lo máximo en el fútbol. Solo con su presencia, en el año 1969, llegó a detener una guerra en África. En pleno conflicto de la Guerra de Biafra, en Nigeria. Ambos países estaban enfrentados por el control de un territorio rico en petróleo y decretaron un alto el fuego durante dos o tres días con motivo de la visita de Pelé a Lagos.

Brasil es Pelé. En la ciudad de Santos, el 19 de noviembre, se celebra el día de Pelé. Es el aniversario de su gol número mil marcado en Maracaná. Como él mismo dice, nació para el fútbol, como Beethoven nació para la música y Miguel Ángel para la pintura. Es una imagen de marca registrada. El gol del sombrero a Suecia aún lo disfrutan los amantes del fútbol *gourmet*.

Sus números, el día de su adiós, son incontestables. Marcó en total 1.281 goles en 1.363 partidos. En 1969 hizo su gol número 1.000 en Maracaná. Marcó seis veces cinco goles en un solo partido; treinta veces cuatro goles y en noventa y dos ocasiones tres tantos. En 1964, al Botafogo le llegó a endosar ocho goles. Las cifras son demoledoras en un futbolista que se retiró en 1974 y que regresó un año después para fichar por el Cosmos de Nueva York y promocionar el fútbol en Estados Unidos.

Desde que llegó a Estados Unidos, hay muchas películas de Hollywood en las que se ve a los hijos pequeños de los protagonistas, especialmente niñas, jugando al fútbol. Algo que no pasaba antes. George Clooney y Michelle Pfeiffer, por ejemplo, certifican la tesis en *Un día inolvidable*. Pelé abrió el fútbol al cine y a la sociedad en Nueva York.

Rodó *Evasión o victoria*, el inolvidable partido entre nazis y prisioneros aliados, donde Pelé nos dejó una chilena espectacular. Ha sido y es la película de fútbol más conocida y más celebrada de la historia. Carlos Marañón cuenta en su hermoso libro *Un partido de leyenda* que con ese gol fue la primera vez que vio aplaudir a la gente en un cine, en el Palacio Balañá de Barcelona ●

Pelé levanta la pelota por encima de Gustavsson con un sombrero de ensueño y, sin dejarla tocar el suelo, fusila a Svensson. Un gol para poner en un marco

RONALDO
El búfalo de Compostela

«Ronaldo, en el gol al Compostela, nos enseñó que tenía una aceleración brutal.
Parecía un Ferrari.»

BOBBY ROBSON,
entrenador del FC Barcelona esa noche en el Multiusos de San Lázaro

COMPOSTELA, 0 - FC BARCELONA, 3

*E*l 12 de octubre de 1996, Ronaldo Luís Na-zário de Lima alimentó el paralelismo entre su juego y la aparición de una manada de bú-falos. Jugaban el Compostela, un modesto club gallego que dio la cara en Primera División, y el FC Barcelona, que tenía en sus filas a un futbolista singular. Ronaldo había costado ese año 2.500 millones de pesetas (quince millones de euros). Una barbaridad, en ese momento.

Bobby Robson estaba en el banquillo. Y a su lado, un ayudante joven y soñador llamado José Mourinho. El FC Barcelona lo pasó bien aquella temporada con Ronaldo. Histórica-mente, siempre disfrutó el Barça de los mejo-res jugadores extranjeros del mundo. En todas las épocas, tuvo un *crack* foráneo en su planti-lla. Kubala, Cruyff, Maradona, Ronaldo, Ri-valdo, Ronaldinho, Messi. Hasta que emergió la generación de Xavi, Puyol, Iniesta y compa-ñía, dispuesta a romper todos los moldes y a colarse de por vida desde La Masía en la memoria de todos los grandes aficionados al fútbol. Sea cual sea su color de camiseta. La gente de casa, de repente, se puso a la misma altura que esos futbolistas fichados a golpe de talonario.

Ronaldo era el Fenómeno. Y aquella noche en el Multiusos de San Lázaro firmó un gol maravilloso que aglutina todas las virtudes de un nueve de estos tiempos: velocidad, poten-cia, cambio de ritmo y definición. Ronaldo empleó once segundos en recorrer cuarenta y ocho metros. En ese escenario, el brasileño ar-ticuló catorce toques con la derecha y tres con la izquierda para quitarse de encima a cinco defensas.

Uno a uno. Ronaldo amasó el balón en su campo. Lo había rebañado tras una pugna de su compañero Popescu con Passi. Y co-menzó su eslalon. Como si fuera un esquia-dor, dejó fuera de cobertura a Chiba y a José Ramón; regateó a William, amagó a Bellido y finalmente, ya dentro del área y perdiendo el equilibrio, remató raso y abajo, desde la altura del punto de penalti, al fondo de la red que defendía Fernando.

Bobby Robson había visto probablemente el mejor gol de su vida. Se sintió un privile-giado por disfrutarlo tan de cerca, a escasos metros de donde había sucedido. En cuanto vio el balón dentro, Ronaldo extendió sus bra-zos como un avión, según era su costumbre al celebrar los goles, y Robson se llevó las manos a la cabeza. El entrenador no pudo evitarlo. Los primeros planos de la televisión nos mostraban a un hombre atónito, entusiasmado, alucinado. Como si hubiera visto a un marciano bajar de una nave espacial, Bobby Robson no daba crédito a la escena que había presenciado. «¡Pero cómo ha podido hacer eso!», daba a entender Robson, ataviado con su traje impecable mientras giraba sobre sí mismo.

De inmediato, todo aquel Barça se abrazó a Ronaldo. Era la generación de Vítor Baia, Luis Enrique, Blanc, Nadal, Sergi, Popescu, Guardiola, Figo (De la Peña), Giovanni (Pizzi), Stoichkov (Amor). Esa fue la alineación, incluido él. Cada vez que había un gol, se celebraba un ritual. El francés Laurent Blanc se acercaba a Ronaldo y le besaba la calva. Lo hacía en la selección francesa con su guardameta, Fabien Barthez. Era rito y a Blanc siempre le daba suerte.

Aquel equipo tenía jerarquía y carácter. De hecho, la mayoría de ellos son entrenadores. De Pep a Laurent Blanc, seleccionador de Francia hasta junio de 2012; de Nadal a Luis Enrique; de Sergi a Pizzi y Stoichkov, todos esos futbolistas siguen ligados de una u otra manera a la dirección deportiva. Eran muy futboleros. Y todos siguen atándose las botas por las mañanas cuando tienen equipo.

Bobby Robson era el beneficiado aquella noche con el gol de Ronaldo. Diez años antes, en el Mundial de México, Robson vio la gesta de Maradona en su contra ante Argentina. Se quedó mudo al ver el zig-zag de Maradona y resolver ante Peter Shilton. Entonces, Robson dirigía a la selección de Inglaterra y padeció el talento de Diego. Ahora festejaba el gol de Ronaldo, un tanto tan grande que su fama no acabó en aquel partido. El gol siguió creciendo. Como si fuera un río, aumentó su caudal, dando la vuelta al mundo a través de todas las televisiones, siendo sometido luego a multitud de estudios de laboratorio y acabando como argumento de un anuncio publicitario de Nike, que acabó en polémica.

Ronaldo era un cañón. Era ancho, con un físico descomunal, un tren inferior brutal, un motor de Fórmula 1 y un cuerpo imposible de derribar. Tumbar a Ronaldo era un desafío para un defensa. La publicidad del gol de Ronaldo, en cambio, no gustó a todo el mundo. De estética impecable, a los siete jugadores del Compostela que dribló o dejó en el camino el Fenómeno no les hizo gracia que Nike mostrara las virtudes de Ronaldo al convertir ese gol en un anuncio de televisión.

> Dejó fuera de cobertura a Chiba y a José Ramón; regateó a William, amagó a Bellido y finalmente, perdiendo el equilibrio, remató al fondo de la red

William Amaral de Andrade, Javier Bellido, Frank Passi, Fabiano Soares Pessoa, José Ramón González, Mauro García y Saïd Chiba pidieron la retirada del anuncio, así como una reparación económica por los daños morales y económicos causados. Entendían que había una intromisión ilegítima en el derecho a la propia imagen. Y acudieron a la justicia.

El Tribunal Supremo rechazó la petición. Según la sentencia del Alto Tribunal, el lance del juego fue una «jugada de antología, consistente en driblar a todos los jugadores del Compostela y marcar seguidamente en la portería defendida por este equipo». Las imágenes iban acompañadas por un texto que decía: «Imagínate que le pides a Dios que te convierta en el mejor futbolista del mundo… y que Dios te escucha».

En el anuncio, emitido entre enero y mayo de 1997, aparecía Ronaldo en el estadio de San Lázaro «regateando a los demandantes, sin aditamento audiovisual alguno ni manipulación de ninguna clase, utilizando las imágenes adquiridas con la intención de ensalzar la figura de dicho jugador, el cual había otorgado su consentimiento a tal efecto».

El magistrado José Almagro defendió que «una intromisión ilegítima en el derecho a la propia imagen choca con el escollo insuperable que representa el hecho de que la explotación publicitaria y, por ende, económica,

se concentra en la imagen del jugador del FC Barcelona, Ronaldo, cuya destreza y aptitudes deportivas se trata de ensalzar, hasta el punto de la magnificencia, para relacionarlas con las cualidades y la calidad del producto publicitado, que se identifican de ese modo referencial e indirecto con aquellas».

«La reproducción de la imagen de los demandantes en ese contexto es meramente instrumental y accesoria, y esto, que es determinante, en modo alguno afecta a su dignidad personal o profesional, pues no puede decirse con fundamento que el *spot* publicitario tendía a menoscabar el prestigio o reputación de los deportistas», añadía la sentencia.

El Tribunal Supremo rechazó el recurso de casación presentado por los exjugadores del Compostela contra la sentencia de la Audiencia Provincial de Barcelona, que el 22 de abril de 2003 ya había rechazado un recurso de los demandantes contra la resolución del Juzgado de Primera Instancia número 2 de El Prat de Llobregat.

La medida fue muy comentada en los despachos de abogados que se dedican al derecho del deporte. La industria del fútbol estaba creciendo en España y cualquier recoveco era mirado al microscopio. Y eso intentaron los exfutbolistas del Compostela. La Liga de Fútbol Profesional, por cierto, vendió por 5,2 millones de pesetas (31.372 euros) los derechos audiovisuales de las imágenes de ese Compostela-Barça.

Fernando Peralta era el portero del Compostela. Conocido como Fernando, y ahora comentarista en Canal Sur, fue un gran guardameta en la década de los años ochenta y noventa. Militó en el Málaga, en el Sevilla, y acabó su trayectoria en el Compos. Fue titular en la selección española sub-20 que jugó el Mundial de Australia. Fue un portero que dejó una profunda huella en la Liga Española.

Con el paso de los años, Fernando apeló al humor y dijo que fue el único al que no dribló Ronaldo. Pero desde el análisis serio del puro fútbol, Fernando rescata de aquella secuencia una evidencia irrefutable: Ronaldo, a pesar de los empujones que sufre durante la jugada, ni protesta ni se tira al suelo buscando la falta. Quería el gol. Lo tenía en la mente y siguió con su cabeza gacha, enfilando la portería con clase y con poderío físico.

Tras el partido hubo unas declaraciones de José María Caneda, el presidente del Compostela, en las que puso en duda a su línea defensiva. Creyó que se le hizo un pasillo hacia el gol. Nada más lejos de la realidad. Sus declaraciones fueron producto seguramente del calentón del momento. Porque, como me recuerda Fernando, el gran mérito de Ronaldo fue, precisamente, el de soportar el muro de carga de sus compañeros.

«Teníamos un defensa marroquí (Chiba) que le empuja y también le entra José Ramón. Es decir, no se lo ponemos fácil en ningún momento. Lo que ocurre es que su fortaleza era la de un futbolista privilegiado. Distinto a los demás. Cuando comparan goles con ese perfil, que arrancan desde lejos, como el de Messi o el de Maradona, siempre digo que ese, el de Ronaldo, es el mejor; sin duda. ¿Por qué? Porque es el que más dificultades tiene, el que más entradas sufre. No hay color. Estábamos ante el gran Ronaldo, el primer Ronaldo, el del Barcelona», reflexiona Fernando Peralta, testigo privilegiado esa noche en San Lázaro.

La primera vez que vi de cerca a Ronaldo fue en una concentración de la selección brasileña. Era un niño, no había cumplido aún los diecinueve años. Pero Mário Lobo Zagallo lo quería tener cerca en la Copa América de Uruguay 95. No jugó ni un partido de esa edición. Venía también de ser una promesa en el Mundial de EE.UU. 94 que ganó Brasil, donde también asistió como aprendiz. Pero Zagallo quería que Ronaldo fuera viviendo el ambiente de esa selección, que en América reunía a un enjambre de periodistas. Especialmente de informadores brasileños que, por la cercanía geográfica con Uruguay, habían «invadido» el país vecino.

Un periodista deportivo no debe acabar su trayectoria deportiva sin cubrir la actualidad de Brasil. Cada comparecencia pública es un avispero. Son cientos los medios de comunicación que siguen a Brasil, un país futbolero las veinticuatro horas del día. Ese aura de ganador, de invencible, de ser seguido por medio mundo, es el papel que ha heredado España tras proclamarse campeona del mundo. Al periodista español le ha costado asimilar ese proceso. Hasta el año 2008, estaba acostumbrado a trabajar de forma doméstica, casi familiar, sin tener competencia de informadores extranjeros. La selección española es ahora universal y goza de un prestigio internacional que en esos momentos la gente de casa debe compartir con la prensa foránea.

Ronaldo, en el año 95, había jugado su primera temporada en Europa. Desde el Cruzeiro había sido traspasado en verano al PSV Eindhoven. El club holandés había vendido a Romário al FC Barcelona y apostaba por un nuevo brasileño en el mercado. Si Romário era «pata negra», un goleador excelso, el PSV volvió a Brasil para buscar un diamante. Su apuesta fue Ronaldo. Y desde luego que no les defraudó. También triunfó y, como copiando el historial de Romario, fichó por el FC Barcelona años después.

Ronaldo era un cañón. Era ancho, con un físico descomunal, un tren inferior brutal, un motor de Fórmula 1 y un cuerpo imposible de derribar.

Ronaldo era un chico tímido en el 95. Pero muy amable. Tenía el cabello ensortijado y hacía méritos en una selección que comandaba Dunga y donde jugaban Roberto Carlos, Zinho o Juninho, entre otros. Arriba, Tulio y Edmundo, los delanteros de moda entonces, le tapaban el sitio al futuro fenómeno.

Brasil se concentró en Santana do Livramento. Una pequeña población situada en la frontera con Uruguay. Tan en la frontera que las ciudades de Rivera, situada en Uruguay, y Santana do Livramento, en Brasil, están separadas por una calle. Es más, si en medio de esa avenida uno daba un paso a un lado pisaba territorio de Uruguay, y si echaba otro al costado contrario estaba en Brasil. Un detalle que provoca que miles de turistas hagan sus fotos de recuerdo, viendo ambas banderas prácticamente pegadas, mientras la población cruza un semáforo de Uruguay a Brasil y viceversa conviviendo con toda normalidad.

En un hotel modesto de esa parte de Brasil se concentraba la selección de Zagallo, que, tras vencer a Ecuador, Perú, Colombia, Argentina y Estados Unidos, se plantó en la final del estadio Centenario en Montevideo ante el anfitrión. Ganó Uruguay por penaltis en una final memorable. Uruguay, con Francescoli,

Marcelo Otero, Montero, Bengoechea y con la dirección del maestro Héctor Núñez, provocó las lágrimas de alegría a las decenas de miles de uruguayos que se echaron a la avenida Dieciocho de Julio, la arteria principal de Montevideo, tan recreada por Mario Benedetti en sus obras.

De aquel Ronaldo juvenil, al que todas las adolescentes deseaban conocer, al Ronaldo profesional que me encontré en el Real Madrid, ya de vuelta en la vida deportiva tras superar una lesión gravísima, una rotura del tendón rotuliano que sufrió en su etapa del Inter de Milan y un episodio extraño en la final del Mundial de Francia de 1998, había un cambio lógico. Personal y de madurez. Era ya una estrella. Y desde el 2002, el año que fichó por el Real Madrid, todo le comenzó a ir bien. Ganó títulos y un Mundial en Corea y Japón 2002. Era un futbolista mediático, integrante de aquel equipo galáctico con Zidane, Figo, Beckham, Roberto Carlos y Raúl, que comenzó a colonizar Asia con la llegada de Florentino Pérez a la presidencia del club.

Ronaldo contrató a un jefe de prensa personal: David Espinar. Un buen periodista que ayudó a expandir su imagen con eficacia y con sencillez. Eran los tiempos en que publicitaba a Nike y una época donde no paraba de estrenar nuevos modelos de botas. Fue un acierto de Ronaldo buscar una persona que dirigiera los asuntos de su agenda.

En 2005, volví a entrevistarle con calma para la Agencia Efe. Un encuentro interesante siendo ya icono del fútbol mundial. Me sorprendió, eso sí, que no conociera a Leivinha, un paisano suyo, el inventor de la «bicicleta» en España. El regate del que tanto rédito sacó Ronaldo, lo enseñó por primera vez en España el admirado Leivinha, que llegó al Atlético de Madrid junto a Luiz Pereira. Y en su debut en 1975 ante la Unión Deportiva Salamanca, donde jugaba el gran Jorge d'Alessandro de portero, Leivinha dio un recital.

Velocidad, potencia, cambio de ritmo y definición en el gol de Ronaldo al Compostela.

Hizo tres goles, pero, sobre todo, deleitó a los espectadores con una bicicleta, un recurso excepcional, y con una salida directa hacia la portería. Hemos visto ese regate luego miles de veces, entre ellos a Robinho, pero con una diferencia: Leivinha siempre se iba a la portería, a buscar el gol. Muchos otros lo han imitado luego, pero yéndose hacia el córner. Sin sentido.

Ronaldo me sorprendió por no conocer a Leivinha, pero me dejó claro que disfrutaba a menudo de los vídeos de Garrincha, que también ilusionaba con ese tipo de fintas. Interpreté tras esa charla que en Brasil hay decenas de futbolistas enormes. Que no se puede controlar a todos. Que por su edad solo se fijan en los mitos, como Garrincha. Futbolistas que convirtieron ese deporte a lo largo de los años en una industria, como tantas otras, que ha ayudado a Brasil a ser una nación dinámica que forma parte del grupo de economías emergentes del siglo XXI.

Ronaldo lo había ganado todo. Y yo tenía curiosidad por comprobar si aún tenía hambre de fútbol. Y, además, qué virtudes del juego eran claves en su manual. Entre ellas, las que le permitieron conseguir su famoso gol al Compostela.

—¿Se divierte ahora usted de la misma forma que cuando con dieciocho años tenía por delante en la selección a Savio, Tulio y Edmundo?

—Me divierto igual que cuando estaba en esa Copa América de 1995 siendo un chaval. El fútbol es mi gran pasión. Cuando entro en el campo solo intento pasármelo bien; no pienso más que en ganar. Luego está la globalización del fútbol y todo eso, los compromisos fuera del campo. En eso sí me ha cambiado la vida. Pero mi fútbol es el mismo.

—¿El fútbol de hoy es rapidez y definición?

—Sobre todo es velocidad. La velocidad es fundamental. Un jugador que no sea rápido lo tiene muy difícil en el fútbol actual.

—Cuando usted se levanta por la mañana y va a entrenarse, ¿acude con la intención de mejorar algún aspecto de su juego?

—Cada día aprendo, claro que sí. Además de intentar mejorar nuestro juego colectivo, perfecciono el juego individual. Aspiro, por ejemplo, a mejorar el juego aéreo, que es donde más dificultades tengo. Este año (2005) ya he marcado cinco goles de cabeza y eso es un dato positivo para mí. Me hace ilusión, me marca un objetivo y veo una evolución. No me gusta estancarme. Posiblemente en el remate de cabeza no haya mejorado mucho en el gesto, pero sí en la colocación.

Cuando fichó por el Real Madrid, llegó lesionado. El preparador físico era Javier Miñano y Vicente del Bosque, el entrenador. Del Bosque lo tenía claro: aunque no estuviese a tope, sabía que Ronaldo iba a marcar diferencias y lo necesitaba cuanto antes. Del Bosque le dijo a Miñano: «Pónmelo de pie, y luego ya me encargo yo». Y así fue; Miñano lo levantó y en su debut ante el Alavés, al minuto de saltar al campo, ya había marcado su primer gol. En pleno debate sobre si Ronaldo estaba gordo o no, le preguntaron un día a Javier Miñano, profesor del INEF en Madrid, cuál era el peso ideal de Ronaldo. Parafraseando a Vujadin Boskov, apuntó: «El peso ideal de un futbolista es el que se le toma después de hacer el partido de su vida». Ronaldo hizo muchos partidos inolvidables. No solo uno. Y en esos momentos Ronaldo pesaba 82 kilos.

Miñano confiesa que es el futbolista más potente que ha visto en su vida y, sobre todo, una de las estrellas con las que ha sido más fácil trabajar. Ronaldo dejó amigos en Barcelona y también en Madrid. Confiesa Fernando Hierro que era una maravilla verle definir. De tres ocasiones, metía dos. Dice que físicamente «era un animal». Sus cuádriceps y su grado muscular, algo inaudito. Transmitía alegría y seguridad en el campo. «A veces parece que estoy dormido; pero no os preocupéis, tiro cuatro desmarques y lo arreglamos», recuerda Hierro sobre el discurso de Ronaldo. El reto

Con el paso de los años, Fernando (portero del Compostela) apeló al humor y dijo que él fue el único de su equipo al que Ronaldo no dribló.

de Vicente del Bosque y de todo el equipo, por tanto, era que Ronaldo elevara el número de movimientos de ruptura. Cuantos más ofrecía, mayor número de posibilidades de ganar el partido.

Ronaldo se fue a Brasil. Pero dejó buen recuerdo en Madrid. Especialmente en un club modesto, el CD Canillas. Allí llevaba a jugar a su hijo mayor. A un barrio normal, de clase trabajadora. Allí se integró con la gente y en las paredes del bar aún se recuerda su presencia con una foto entrañable de Ronaldo y su chaval, sentados en una banda del campo de césped artificial de Canillas.

En algunos mesones antiguos de la plaza Mayor de Madrid hay una frase enmarcada que dice: «Hemingway estuvo aquí». Hay incluso un restaurante ingenioso, bajando de la plaza hacia el barrio de La Latina, que presume de lo contrario con ironía: «Hemingway nunca comió aquí». Un guiño mordaz para huir del tópico. En el CD Canillas, es verdad, y lo sabe todo el mundo, Ronaldo pasó mucho tiempo en sus instalaciones con su hijo. Igual que Zidane o Jose Mourinho. Ahí sí pueden colgar un cartel que diga: «Ronaldo, el búfalo de Compostela, estuvo aquí». Está acreditado ●

VAN BASTEN

La volea más grande

«El balón me llegó de Arnold Mühren y pensé
"puedo pararlo o arriesgar y disparar a puerta".
Tiré, tuve suerte y fue gol.»

MARCO VAN BASTEN,
autor del 2-0 de Holanda contra la Unión Soviética, en la final de la Eurocopa de 1988

HOLANDA, 2 - URSS, 0

La Eurocopa de 1988 se jugó en Alemania Federal. Y acabó con un soberbio gol de Marco van Basten, que aparece en todos los resúmenes elaborados por la UEFA. No se puede entender la historia de este torneo sin la volea de un delantero que fue una de las estrellas de la selección holandesa y del AC Milan, en su época de máximo esplendor, al lado de Ruud Gullit y de Frank Rijkaard.

Fabio Capello fue su entrenador en Milan. Paseando con él por South Kensington, en una noche londinense, muy cerca de su domicilio en la hermosa zona de Chelsea, Capello me resumió muy rápido el prodigio de su alumno. «Es verdad que un futbolista debe tener calidad para hacer ese gol. Pero eso no es lo importante. Lo esencial de esa volea es atreverse a hacerla. Muy pocos dan el paso adelante y dicen "aquí estoy yo y la ejecuto con determinación". Es un gol histórico de Van Basten, pero me quedo con su valentía, con su riesgo. Ese matiz, el del atrevimiento, es el que divide a los buenos jugadores de los grandes, como Van Basten.»

En la Eurocopa del 88, era un momento en el que el fútbol disfrutaba de grandes estrellas. Basta echar un vistazo al mejor once votado y surgido de aquel torneo: Van Breukelen; Bergomi, Koeman, Rijkaard, Maldini; Giannini, Matthäus, Wouters, Gullit; Vialli y Van Basten.

Una nómina de privilegiados que dominaba Holanda. Era una máquina de clonar futbolistas. En el año 88 ganó su país la Copa de Europa de clubes y también la de selecciones. Es la única vez de la historia en que se ha dado esa circunstancia. El PSV Eindhoven de Guus Hiddink había ganado al Benfica en la final (6-5, en los penaltis). Y en esa Eurocopa, un chico con veintitrés años que ya jugaba en el Milan luchó por recuperarse de una lesión de tobillo y poder ayudar a su selección, que entonces entrenaba Rinus Michels. Era Marco van Basten.

Holanda no solo tumbó en la final a la URSS. Dio la campanada al dejar fuera al anfitrión, Alemania, en las semifinales. Una victoria histórica, que hizo salir a la calle a tanta gente para celebrarlo que no se había visto algo así en Holanda desde el final de la Segunda Guerra Mundial, en 1945. Y es que Holanda fue un vendaval. Van Basten comenzó de suplente. Mientras se recuperaba de su lesión de tobillo, Rinus Michels apostó en el primer partido de la fase de grupos ante la URSS por John Bosman. Pero los tres goles que le clavó Van Basten a Inglaterra fueron un bálsamo. Y ya fue titular siempre.

Su duelo con el defensa alemán Jürgen Kohler en semifinales fue épico. El partido se jugó en Hamburgo y Holanda venció (1-2) a la selección favorita, con tantos de Koeman y Van Basten. La pesadilla del Mundial de 1974, la derrota de Holanda ante Alemania, quedaba ya cicatrizada. El maleficio de Alemania ya era historia gracias a una selección de jóvenes con talento que revolucionó en ese momento el orden del fútbol mundial.

Uno de los jugadores básicos de esta selección holandesa era Ruud Gullit, todo un personaje en el calcio. Había firmado una campaña extraordinaria con el Milan y se presentó en la Eurocopa literalmente reventado. Gullit siempre fue un futbolista inteligente y se aprovechó de la frescura de un Van Basten pletórico, a quien sirvió dos goles ante Inglaterra. La sociedad funcionaba.

Y llegó la gran semifinal ante Alemania Federal. Hacía treinta y dos años que Holanda no ganaba a la selección germana. Empezó marcando Alemania de penalti (Matthäus) y empató Holanda, también de penalti (Koeman). Dos minutos antes del pitido final

Fabio Capello: «Me quedo con su valentía, con su riesgo. El atrevimiento es lo que divide a los buenos jugadores de los grandes, como Van Basten.»

apareció Van Basten para cruzarle el balón a Eike Immel. Bodo Illgner estaba sentado en el banquillo.

Holanda lo celebró como si fuera un título. Ruud Gullit organizó una fiesta descomunal en una discoteca. Y aún quedaba la final ante la URSS, que llegaba con ocho futbolistas del Dinamo de Kiev, un equipo poderoso en ese periodo. Un día antes de la gran final, los holandeses fueron a un concierto de Whitney Houston, según contó en su momento Ruud Gullit en la web de la UEFA. Holanda siempre ha presumido de ser una selección con unas concentraciones muy relajadas. Puede que sea una leyenda, pero la realidad en este caso superó ampliamente la ficción.

Gullit jugó renqueante aquella final. Aun así, Rinus Michels le dio permiso para lanzar las faltas. Estuvo muy activo y marcó el 1-0. Fue un remate violento de cabeza, con energía, tras un servicio desde la derecha de Erwin Koeman, el hermano del exjugador del FC Barcelona. Ruud Gullit batió a Rinat Dasáyev, entonces el mejor porterol de mundo.

Y llegó el minuto 54. Apareció Arnold Mühren, un centrocampista veterano que se despedía como internacional por Holanda. Tocó de primera un balón con mucho globo al segundo palo. Una pelota muy cruzada que solo permitía rematar la jugada con una volea. Marco van Basten la enganchó con una elasticidad brutal y mandó un balón preciso y duro que pasó por encima de la cabeza de Dasáyev. Un gol inolvidable.

Cuenta Van Basten que lo interesante de ese gol es la determinación, atreverse a elegir la forma de rematar el centro de Muhren. «El balón me llegó de Arnold Mühren y pensé "puedo pararlo o arriesgar y disparar a puerta". Tiré, tuve suerte y fue gol». En décimas de segundo el cerebro debe apostar por una solución: o bajar el balón al suelo y buscarse la vida ante dos defensas u optar por una volea de videojuego, que es la que él firmó. «Ni probando un millón de veces le sale ese gol a Van Basten», dijo Gullit para ensalzar la dificultad del gol de su compañero.

Van Basten no reparó en ese momento en

Atrevimiento y técnica. Marco van Basten dibujó la mejor volea de todos los tiempos.

la estética de ese golazo. Ni se dio cuenta de que la ejecución había sido tan compleja. Solo miró el reloj. Era el minuto 54. Y con el 2-0, pensó, el título estaba ya más cercano, aunque todavía no se podía celebrar. La Unión Soviética pudo acercarse en el marcador cuando Van Breukelen derribó a Gotsmanov en el área. Belanov lanzó el penalti y lo detuvo Van Breukelen. Ahí, sí; Holanda ya era la campeona. En el vuelo de regreso, el avión fue una fiesta. El piloto incluso, al sobrevolar la ciudad de Eindhoven, quiso saludar a la gente e hizo oscilar las alas de un lado a otro para saludar a la afición.

Marco van Basten dibujó cientos de goles durante su exitosa trayectoria deportiva, especialmente con el AC Milan. Pero aquel de Holanda ante la URSS forma parte del corazón de los aficionados al fútbol. En esa historia se da además la circunstancia de que el gol lo encajó un tipo como Rinat Dasáyev, un portero ruso que heredó con honor el legado de Lev Yashin. Dasáyev era el número uno a finales de los años ochenta. Un portero de prestigio.

Dasáyev jugó luego en el Sevilla FC. De crío quería ser delantero. Pero un día llegó veinte minutos antes al entrenamiento y lo pusieron de portero. El entrenador vio algo y Dasáyev se quedó para siempre bajo los palos. Cuando el portero fue fichado por el Sevilla y aterrizó en el aeropuerto de San Pablo, unas 3.000 personas fueron a recibirlo al grito guasón de «Rafaé, Rafaé, Rafaé…». Dasáyev no lo olvidará nunca.

No fueron sus mejores años como futbolista, pero le cambió la vida. Se volvió a casar, ahora con una chica sevillana. Un día coincidí con él en Moscú, donde vive. Me dijo que sus hijos eran felices fuera de España. Y que dirigía una escuela de porteros jóvenes. Su portero favorito del siglo XXI es Petr Čech. Me extrañó que lo valorara por encima de Iker Casillas, pero posiblemente la escuela de Čech sea más cercana al biotipo que él tenía como portero.

Aquel año 1988 Carl Lewis reinaba en el mundo del atletismo, Ayrton Senna era campeón de Fórmula 1 y *Rain Man* la película premiada en los Óscar, con una soberbia interpretación de Dustin Hoffman. Aquel año también se recordará por una irrepetible volea en la final de la Eurocopa. El golazo fue de Van Basten, pero cuando ese gol lo recibe un grande como Dasáyev el premio es aún mayor ●

«Ni probando un millón de veces le sale ese gol a Van Basten», dijo Ruud Gullit para ensalzar la dificultad del tanto logrado por su compañero.

ZARRA

El gol

«Cuando marqué el gol, no lo celebré de ninguna manera especial.
Saqué el balón de la portería y de un patadón lo mandé al centro del campo.»

TELMO ZARRAONANDIA,
autor del histórico gol a Inglaterra en el Mundial de Brasil de 1950

ESPAÑA, 1 - INGLATERRA, 0

Carmen Beldarrain es la mujer de Telmo Zarra. Cuando firmó su gol a Inglaterra en el Mundial de Brasil, no eran novios aún. Eran entonces amigos. Pero ni en Río de Janeiro se olvidó de ella. Llegó Zarra lesionado en una costilla. Y nada más verla, le dijo: «Carmen, ven que te he traído un regalo». Telmo le enseñó unos cortes de seda natural que le había traído de Brasil para que se hiciera un vestido. «Elige el que más te guste».

—Yo estaba encantada, porque siempre que salía de viaje llegaba con un regalo. Hasta dos años más tarde, en unas fiestas de San Antontxus, en Mungia, no comenzamos una relación seria. También estaba lesionado, nunca lo olvidaré.

Ella y sus hijas, Carmen y Elena, son el vehículo de transmisión con los aficionados para que el recuerdo del gran Telmo Zarra siga vivo.

Nada más llegar de Brasil, Zarra recibió el caluroso homenaje de su pueblo, de Mungia, donde su padre, Pedro, era entonces el jefe de la estación de tren. Telmo incluso nació en una estación, en la de Asúa, en Erandio. En aquella época, era normal que las mujeres dieran a luz en las casas y no en los hospitales como hoy en día. Ángel María Villar, bilbaíno como Telmo Zarra, me reveló un día que su madre ejerció de comadrona para ayudar a Telmo a venir al mundo.

A Pedro Zarraonandía no le gustaba el fútbol. Cuentan incluso que, cuando fueron a contarle que su hijo había firmado el gol de su vida, apenas se inmutó… Y siguió vendiendo billetes en la estación. Eran tiempos duros. Tras la Segunda Guerra Mundial, el fútbol comenzaba de nuevo a ser un elemento vertebrador. Desde 1938, no se disputaba ningún Campeonato del Mundo. Así que el torneo del año 1950 en Brasil se presentaba como una oportunidad de oro para poner de nuevo en el escaparate un deporte que no tenía fronteras.

El italiano Ottorino Barassi era el vicepresidente de la FIFA. Guardó con todo su afecto la copa durante la Segunda Guerra Mundial (1939-1945). La escondió en una caja de zapatos debajo de su cama para evitar que cayera en manos del ejército nazi. Y la sacó de allí para el Mundial de Brasil.

En aquella época no había televisión. España acudía al torneo con un gran equipo: Ramallets, Puchades, los hermanos Gonzalvo, Basora, Zarra, Gaínza… Los mejores futbolistas del momento en España. Matías Prats fue el encargado de poner voz a las hazañas de aquella selección que dirigían Guillermo Eizaguirre y Benito Díaz y que acabó el torneo en la cuarta plaza, la mejor clasificación de la historia hasta el Mundial de Sudáfrica de 2010. Don Matías narró la extraordinaria gesta que supuso la victoria ante Inglaterra (1-0). «Matías y Telmo eran muy amigos. Tal es así que mi marido dice que el gol de Inglaterra lo marcaron entre los dos. Eran uña y carne», subraya Carmen Beldarrain.

Era un 2 de julio de 1950. En la hemeroteca del *ABC*, a toda plana, en la edición del día 4, aparece una imagen con el once inicial en la parte de arriba: Ramallets, Puchades, Parra, Alonso, Gonzalvo III y Gonzalvo II; agachados: Basora, Igoa, Zarra, Panizo y Gaínza. En la otra mitad de la portada, Zarra, a bocajarro dentro del área, manda el balón a la red y bate a Bert Williams.

Zarra y Williams llegaron incluso a ser amigos. El portero inglés jugó en el Wolverhampton. La guerra le privó de contar con una mejor hoja de servicios. Ingresó en la Real Fuerza Aérea del ejército británico. Fue instructor en la preparación física de los soldados. Jugó con Inglaterra en treinta ocasiones. Tiene el título de Miembro de la Orden del Imperio Británico. Y en 1997, en el homenaje que le brindó el Athletic de Bilbao a Zarra en San Mamés, Bert Williams quiso estar al lado del goleador. No fue un invitado más. Carmen lo confirma:

—Acudió con su hijo al homenaje. Le regaló a Telmo una foto enmarcada con su famoso gol. Pasó unos días inolvidables con nosotros. Para Telmo supuso un honor que aceptase la invitación y que acudiese a estar con él en esos momentos inolvidables. Casualmente coincidió con la Semana Grande de Bilbao, y Williams disfrutó muchísimo con las fiestas. Después de cuarenta y siete años, aquel reencuentro siempre será recordado en casa.

—¿Cómo vivió Telmo Zarra ser el autor del gol a Inglaterra? ¿Le cambió la vida?

—Llevó la fama de forma natural, como era él; un hombre sencillo, sin alardes. Siempre me decía que futbolísticamente hablando fue un gol normal. Pero es verdad que marcó su vida. Allí donde iba siempre le recordaban lo feliz que hizo a mucha gente. En casa recibía cantidad de cartas de admiración y le pedían continuamente autógrafos y fotografías. Telmo comentaba que no sabía si fue el mejor partido de su vida. Lo que no olvidó nunca fueron los abrazos del «tío Be-

Carmen Beldarrain:
«Telmo era un hombre sencillo, sin alardes. Siempre me decía que fue un gol normal. Pero es verdad que ese gol marcó su vida.»

nito», como llamaban a Benito Díaz, ni las palabras de Panizo, que se fundía con él en el césped y no paraba de decirle: «Telmo, eres el más grande». Del Mundial volvieron lesionados. Panizo tuvo una lesión en el peroné; Telmo, en una costilla…

—Él fue un nueve de toda la vida, con el gol siempre en la mochila. Los goleadores siempre han sido especiales con sus números. ¿Zarra era preciso con sus estadísticas?

—Siempre recordaba que su récord de treinta y ocho goles lo había conseguido en solo treinta partidos. Otros jugadores han llegado a esa cifra pero con un mayor número de encuentros disputados. Ponía en valor ese matiz, que era importante. Era deportivo y noble en una época donde todo era distinto. El césped, el balón, los viajes… Todo es diferente. Ahora el fútbol está repleto de comodidades. Antes, para ir a Sevilla en autobús, el viaje se

Telmo Zarra y el portero inglés Bert Williams, al que batió en el Mundial de Brasil 1950. Ambos sostienen la foto de ese legendario gol.

hacía en dos etapas. Había necesidad, no se ganaba tanto dinero. Cuando iban a jugar contra el Valencia, Puchades, por ejemplo, que jugaba allí y era amigo nuestro, le regalaba sacos de arroz. De Jaén se traían aceite. Era otro mundo. Lo que se ganaba servía para ayudar a la familia, para nada más. No se movía el dinero que luego hubo en el fútbol.

Telmo Zarra es una leyenda. Apareció en el momento decisivo, como los más grandes. Fue icono de toda una generación, la de las décadas de los años cincuenta y sesenta, la de la posguerra y la emigración, un personaje que trascendió el marco deportivo y se convirtió en parte del paisaje social de un país, que no puede entenderse sin el fútbol como tiempo de ocio.

Tanto es así que, en un partido ante Suecia en Estocolmo, en la previa del encuentro, el cartel anunciador decía: «¡Admiren la mejor cabeza de Europa después de Churchill!» El halago ilustra el perfil de Zarra, un delantero que vivió muchas tardes de gloria con su eficaz remate de cabeza. Un arte en el que su club, el Athletic, siempre dispuso de herederos. Zarra dejó un legado en San Mamés, que siempre ha disfrutado de futbolistas enormes en el juego aéreo. Hasta nuestros días ha llegado esa faceta donde jugadores como Ismael Urzáiz, en el cambio de siglo, o Fernando Llorente mantuvieron en la cima el orgullo de seguir con su legado. Urzáiz, incluso, se ha casado con una nieta de Rafa Iriondo, uno de los mejores amigos de Telmo Zarra, e integrante de una delantera que recitan aún todos los socios del Athletic: Iriondo, Venancio, Zarra, Panizo y Gaínza.

Telmo Zarra fue un gran pelotari también. Le privaba la pala corta. Jugaba al frontón con Iriondo. Y ese era un fútbol de amigos. Aquella delantera se iba a comer en cuadrilla después de los entrenamientos. Y mantuvieron siempre relación entre sus familias. Admirador de *sir* Stanley Matthews, con quien se enfrentó en el Mundial de 1950, Zarra era feliz viendo a Brasil. «Bailan samba en el campo», decía. En aquel Mundial, los jugadores españoles tenían diez pesetas de dieta al día. El Athletic le premió por aquel torneo. Le renovó cinco años, igual que a sus compañeros de selección Panizo y Gaínza. Entonces, el Atlético de Madrid y algún potente equipo latinoamericano del momento le quisieron fichar.

De crío jugaba descalzo para no recibir broncas por romper las alpargatas. Balones, en su niñez, había pocos. Jugaba con cualquier objeto que fuera esférico. La puerta de la iglesia fue su mejor portería. El cura les llamaba la atención, pero así creció el gran Telmo Zarra. Un mito. Un símbolo. Eso sí, cercano y humilde. Como cuenta su mujer, Carmen, ella no se casó con Zarra, se casó con Telmo. Su vida fue de cuento, con final feliz •

Zarra es una leyenda. Apareció en el momento decisivo, como los más grandes. Fue icono de una generación. Un personaje que trascendió el marco deportivo.

NAYIM

Un gol desde Ceuta

«*Nayim from the half-way line; Nayim from the half-way line…*
('Nayim desde el centro del campo; Nayim desde el centro del campo...')
Lo cantan aún en la grada, hoy en día, los hinchas del Tottenham
para picar a los del Arsenal. Cada vez que lo oigo, me emociono.»

NAYIM,
autor del gol que le valió la Recopa de 1995 al Real Zaragoza

REAL ZARAGOZA, 2 - ARSENAL, 1

*E*l gol de Nayim. Un titular corto, de los que gustan a los periodistas académicos para ilustrar las crónicas. Nada de frases subordinadas. Así de simple. «El gol de Nayim» es conocido en toda España. Y sobre todo en el Reino Unido. Mohammed Alí Amar, más conocido como Nayim, es un futbolista nacido en Ceuta, que la noche del 20 de mayo de 1995 hizo felices a miles de aficionados del Real Zaragoza, tras ganar la Recopa de Europa a un equipo de fuste como el Arsenal.

No fue un triunfo cualquiera. Esa final merecía una portada para las hemerotecas. Y Nayim dejó su tarjeta de visita. Restaban diez segundos para el final de la prórroga. Y con un 1-1 en el marcador, y la tanda de penaltis a la vuelta de la esquina, Nayim plasmó su idea fugaz de forma magistral. Desde cincuenta metros, prácticamente en la línea divisoria del centro del campo, escorado al lado derecho, Nayim se atrevió con una vaselina interminable, que sorprendió a David Seaman. El portero del Arsenal estaba adelantado y, aunque intentó recular, se metió en su portería con el balón dentro. La cara de Seaman era para recordar. El banquillo completo del Real Zaragoza se echó al césped para celebrarlo, todos enloquecidos. El narrador de la BBC no daba crédito. «*I cant't believe it*» ('No me lo puedo creer'). En la grada, los 20.000 aragoneses que habían viajado a la final rimaban su cántico de campeones: «Este año, París es maño».

Víctor Fernández se abrazó con Pardeza en la banda. El jolgorio fue de época. Miguel Pardeza, el capitán, levantó la copa. Un trofeo merecido para Miguel. Embrión de la Quinta del Buitre, con Sanchis, Míchel, Martín Vázquez y Butragueño, Pardeza salió del Real Madrid y demostró que fuera de ese club también hay vida y… títulos. «Mereció la pena el viaje», pensó Pardeza. Llegó de crío al Real Madrid desde La Palma del Condado (Huelva). Y su fichaje corrió como la pólvora por todos los barrios de Madrid. No había en los ochenta ni Internet ni torneos ni televisiones que exhibieran el talento de las jóvenes promesas como ocurre en el siglo XXI. Así que el talento de Pardeza había que comprobarlo en directo. Cuando jugaba en la zona sur de Madrid, en sus visitas con el juvenil A del Real Madrid al campo de ceniza de San Cristóbal de los Ángeles, donde jugaba en casa sus partidos el Atlético de Madrid, el duelo, el derbi, era una fiesta. Iban mil o dos mil aficionados a verle. «Hoy juega Pardeza.»

Miguel tenía mucho cartel entre los aficionados *gourmets*.

El gol de Nayim es de catálogo. Primero por su estética y definición. Segundo, por el instante en el que Nayim apuesta por elevar la pelota y dar un título: en plena agonía de la final. Y tercero, porque enfrente no estaba un cualquiera en la portería. Era David Seaman, un cromo querido del fútbol británico, un pilar del Arsenal en los años noventa. Un tipo con flema, internacional con la selección inglesa. Un portero que militó trece años en el viejo Highbury con el Arsenal y que aún hoy mantiene el récord de partidos jugados por un guardameta con el club de los *gunners*: 350 envites.

Nayim siempre fue un futbolista técnico. De la factoría Barça. Creativo, de buen toque, ideal para jugar un rondo, Nayim resumió con su gol un período brillante en la vida del Real Zaragoza, que, bajo la dirección de un entrenador emergente entonces como Víctor Fernández, se dio el gusto de ganarle una Copa del Rey al Celta en el año 1994 y de generar una apuesta muy atractiva. Víctor era un técnico muy joven. Con treinta y cinco años, ganaba la Recopa. Procedía del Stadium Casablanca, un club polideportivo de gran prestigio en Zaragoza. Un equipo que, con menos recursos, siempre rivalizó con el gran club de la ciudad. Era habitual este tipo de clubes en los años ochenta. Como Estudiantes frente al Real Madrid, por trasladar la comparación al mundo del baloncesto. Víctor Fernández había asentado en el Stadium una vanguardista propuesta. Y el Real Zaragoza le brindó su gran oportunidad.

Aplicó buen fútbol con jugadores de tronío como Santi Aragón, Poyet, Higuera, Pardeza o Esnáider. Una plantilla grande que vio recompensado su talento con un título de la Recopa en el Parque de los Príncipes de París. Un estadio que no era precisamente talismán para el fútbol español. El recuerdo de la Eurocopa de 1984, de la final perdida ante Francia, había dejado huella. Pero el Real Zaragoza, con su uniforme de gala, su camiseta blanca y su pantalón azul de toda la vida, recuperaba viejos tiempos, esos que habían disfrutado padres y abuelos en la década de los sesenta con los famosos Cinco Magníficos: Canario, Santos, Marcelino, Villa y Lapetra.

Nayim le pegó a le pelota con unas botas Adidas negras, con tres franjas blancas. Las que se conocen en los vestuarios como las «Adidas de toda la vida». Las clásicas. Las botas de verdad. Lejos aún del mundo de colores. En el mercado se llaman Adidas World Cup. Inspiradas en el primer prototipo, las que creó Adi Dassler (acrónimo que dio nombre a la marca) en 1954. Con aquellas botas Alemania Federal derrotó en la final del Mundial de Suiza, en Berna, al entonces equipo descomunal que era el de Hungría, con Ferenc Puskas al frente.

Una evolución de esas botas negras Adidas usó Nayim en la final de la Recopa de 1995. Con la pierna derecha y el 5 a la espalda, Nayim empaló un globo que ascendió con una trayectoria letal, que dejó sin recursos a David Seaman.

Como todo gol famoso que se precie, el gol de Nayim tuvo presente y futuro. Con una estrofa que dice: «*Nayim from the half-way line, Nayim from the half-way line*» ('Nayim desde el centro del campo') y con la sintonía del mítico tema *Go West* de los Pet Shop Boys como apoyo, los hinchas del Tottenham, enemigos furibundos del Arsenal, castigan a su eterno rival con ese cántico, recordando aún que un buen día Nayim tumbó a los *gunners* desde el centro del terreno de juego.

Nayim es un personaje para el Tottenham. No solo porque allí jugó precisamente (1988-93) antes de hacerlo en el Real Zaragoza. Jugó en Londres para los Spurs. Le fichó Terry Venables, quien ya le había hecho debutar en su etapa del FC Barcelona. Venables aprovechó la crisis del motín del Hesperia —rebelión de la plantilla por no cobrar derechos de imagen en la época de José Luis Núñez— y se lo llevó a la Premier.

Vive en Ceuta. Regresó en 2010 a La Ro-mareda como ayudante de José Aurelio Gay en el banquillo del Real Zaragoza. Tuvo su experiencia y habla bien de fútbol. Es un buen contertulio. Tiene memoria. Y cuenta con ese punto romántico y tradicional que ayuda a creer aún en un fútbol singular.

—¿Había marcado ese mismo gol en algún entrenamiento?

—Este tipo de acciones se intentan en los entrenamientos, pero la clave de ese gol es atreverse a intentarlo en un partido. Hay gente que no se atreve. Solo lo puedes hacer cuando tienes confianza en ti mismo. Eso fue lo que me pasó en la final de París. Lo tuve claro. Vi a Seaman algo adelantado y en décimas de segundo creí que podía ser gol. Confianza, confianza y confianza; esa es la única receta. Y luego suerte, claro. El porcentaje de acierto en ese tipo de situaciones es bajo. Yo tuve la fortuna de hacer gol.

—¿Cómo le ha acompañado ese gol a lo largo de esos años?

—Lo llevo con mucho orgullo. No fue el más bonito del mundo. Seguro que hay goles de mejor estética. Pero lo que cuenta en un gol es el momento. Y lo que significa. Aquel tanto dio un título europeo en el último minuto del partido. Y dio una alegría inolvidable a la gente de Zaragoza y a todo el fútbol español. Porque aquella noche todo el mundo en España era del Real Zaragoza.

—¿Ha hablado con Seaman alguna vez?

—No, nunca. Pero a través de amigos, sé que es una gran persona y, lo principal, un portero extraordinario, que ha ayudado a convertir la Premier League en un torneo envidiado por todo el mundo. Seaman es patrimonio de la Premier.

—¿Es feliz siendo una leyenda en el Tottenham? Aún le recuerdan en White Hart Lane con su famoso «*From the half-way line…*»

—Me emociono cada vez que lo oigo. Es lo maravilloso que tiene la Premier League. El respeto por sus jugadores, por sus leyendas. Por la gente que ha jugado en su club. Da igual el resultado, los avatares que viva el equipo; la gente siempre anima. Es una experiencia maravillosa. Jugar en Inglaterra es recomendable siempre.

—Fernando Hierro jugó al final de su carrera en el Bolton. El día que se despidió, la gente le daba las gracias y le decían: «*You are a legend*» ('eres una leyenda').

—No me extraña. Un día, hablando con Fernando Hierro, me confesó: «Si llego a conocer la cultura del fútbol inglés, hubiera salido antes del Real Madrid». Es normal, a Hierro se le respeta. Es un grande.

Nayim: «Hay gente que no se atreve. Solo lo puedes hacer cuando tienes confianza en ti mismo. Eso fue lo que me pasó en la final de París. Lo tuve claro.»

—¿Es verdad que en el Tottenham jugaba con Paul Gascoigne en los entrenamientos a medir vuestra calidad, intentando colar el balón en una papelera?

—Sí, pero era al final de los entrenamientos, y como diversión. Nos gustaba jugar a mandar balones lejanos para que tocaran el larguero.

—Lo hacía Puskas en su época…

—Es un ejercicio ameno. Y, sí, a media distancia intentábamos Paul Gascoigne y algunos más acertar con la papelera. Era un ejercicio relajante y divertido, cuando los demás se iban a la ducha.

—¿Se acuerda de sus botas negras en la final de París?

—Por supuesto, las Adidas inigualables. Hechas de una piel excelente, cómodas; con esas botas nunca he tenido problemas de llagas, ni de ampollas. Se adaptaban al pie de maravilla.

—Su recuerdo imborrable…

—El rostro de mi padre. Salí muy tarde del estadio. Nos tocó pasar control antidopaje a mí y a Juan Esnáider. Llegamos de los últimos al hotel. Y ver la cara de felicidad de mi padre en aquel momento es un recuerdo imborrable. Uno juega para la gente, para los aficionados, pero sobre todo para la familia, para que disfruten, para que mi familia sea feliz. Estaba muy nervioso, con ganas de abrazarme; prácticamente me contaron que estaba al borde del infarto. Mi gente más cercana le tranquilizó y lo celebramos como se merecía la ocasión. Pero ese título, ese gol, está asociado a mi padre.

En White Hart Lane, el campo del Tottenham, sus hinchas se mofan del Arsenal con Nayim como argumento. En los Spurs jugó con Gascoigne, Waddle y con Lineker. Con lo mejor del fútbol británico. Fue de los primeros españoles en salir a la Premier.

Gracias a un extraordinario gol de Nayim, el Real Zaragoza ganó la Recopa de 1995.

En la localidad aragonesa de Trasmoz hay gente que vive en la calle El Gol de Nayim. En 2006, el consistorio encargó a una alfarera de la localidad de Tarazona una placa con el recuerdo al futbolista del Real Zaragoza. Fue un éxito la propuesta. Tanto es así que incluso dos calles lucharon por ese nombre. El azulejo de su calle es de color beige, con las letras azules, con el mismo tono que usa el Real Zaragoza. Es un letrero que incluye abajo, en su esquina derecha, una imagen de Nayim golpeando la pelota.

El gol de Nayim engancha tanto que ha llegado al mundo de la música. Da nombre a un grupo de Zaragoza, de estilo *indie*. Creado por Francho Pastor y Adrián León, quisieron transmitirle al público las mismas sensaciones que ofreció a la gente de su ciudad ese gol de Nayim. Un estilo musical espontáneo, como Nayim. Un gol que nadie esperaba.

«Metí el gol desde Ceuta», afirmó esa noche de primavera en París. Una imagen hermosa. Un canto al fútbol. Un chico que salió de Ceuta, se colgó la mochila un buen día para buscarse la vida en Londres, en un equipo donde con talento siempre se triunfa. El idioma universal del fútbol permitió a Nayim integrarse de inmediato en un gran club como el Tottenham. Su regreso a España, al Real Zaragoza, no pudo tener mejor premio. Una Recopa de Europa. Un regalo. Nayim camina con la cabeza bien alta por la historia del fútbol ●

ROBERTO CARLOS

La bomba inteligente

«La clave en ese golpeo es la posición de la válvula del balón.
Siempre la pongo mirando hacia mí, porque esa es la parte más dura de la pelota.»

ROBERTO CARLOS,
exjugador del Real Madrid y de la selección brasileña

FRANCIA, 0 - BRASIL, 1

*E*stadio Gerland de Lyon, 3 de junio de 1997. Queda justo un año para el Mundial de Francia. Y el país organizador pone en marcha un torneo amistoso que sirve de ensayo para comprobar el funcionamiento interno de las sedes. Participan Francia, Inglaterra, Brasil e Italia. El Torneo de Francia lo gana Inglaterra. Pero nadie recuerda ninguno de los tres goles anotados por aquella selección: de Ian Wright, Paul Scholes y Alan Shearer. Ni rastro en la memoria. Fueron goles clandestinos.

Aquel torneo pasó a la historia por un gol distinto. Diferente, espectacular, una obra de arte que firmó Roberto Carlos, con Brasil, ante Francia. Un libre directo grandioso. Un golpe de *trivela* (tres dedos), con efecto, con el exterior de su pie izquierdo. Un arqueo perfecto que no vio Fabien Barthez. La pelota dibujó una curva memorable, que desafió las leyes de la física. Entró en la portería de Barthez a 122 kilómetros por hora. Y en la barrera, tipos como Deschamps o Zidane disfrutaron en primera fila de la «bomba inteligente». Les faltó aplaudir. Pero no fue por falta de ganas.

La «bomba» era una pelota de la firma Adidas. Roberto Carlos, por su parte, fabricó aquel gol con unas botas de la marca Umbro. Unas botas inolvidables. Negras, con el símbolo blanco del doble diamante en su empeine. Umbro es una compañía inglesa, con sede en Manchester, que inventó las equipaciones para los equipos de fútbol. Su primera indumentaria la vistió el City en 1934. Y dio suerte.

El Manchester City ganó aquel año la FA Cup. Hoy en día, lucen Umbro jugadores como Pepe, Deco, Owen, Carrol o Darren Bent. Siempre tuvo una buena acogida en Brasil. Su selección ganó el Mundial de 1958 en Suecia con esa vestimenta. Fue el primer Mundial que ganó Pelé, con solo diecisiete años. Y aquello marcó el futuro de la empresa. Por eso fue habitual ver futbolistas brasileños con esa marca de calzado. Fundada en 1924 por Harold Humphreys, hasta que en 2007 pasó a formar parte de la matriz de Nike, la fábrica de Umbro tuvo una historia apasionante.

Humphreys creó su taller original en una modesta lavandería en Green Lane, en Wilmslow, en 1924. Los primeros encargos se trasladaban en una carretilla pero, diez años más tarde, ya exhibían Umbro el Manchester City y el Portsmouth en la final de la Copa Inglesa de 1934, en Wembley. En 1966,

Inglaterra ganó su Mundial con Umbro y, según difunde la marca deportiva, en esa época el 85 por ciento de los clubes ingleses vestían sus camisetas.

Desde entonces tuvo Umbro momentos estelares. El intercambio de camisetas entre Pelé y Bobby Moore en México 70 o el primer gol de Wayne Rooney en la Premier League. Son hitos de los que presume Umbro. Pero siempre fue Brasil un gran cliente para la factoría británica. Incluso ahora, ya con otro perfil, y peleando por un duro mercado en el mundo de las grandes multinacionales, Umbro, por ejemplo, sigue de moda en el Brasil de este siglo XXI vistiendo al Santos de Neymar.

Por eso, no es extraño que Roberto Carlos, como otros muchos brasileños, vean Umbro como una marca familiar. La historia, la leyenda, funciona a menudo a base de márketing. Y las costumbres pasan de generación en generación.

Roberto Carlos se llama así porque sus padres eran admiradores del famoso cantante brasileño. Siempre llevó el número 6 en la espalda. Es el dorsal que usan los laterales izquierdos en Brasil. El fútbol tiene sus reglas y en cada continente varían. En Europa, en España en concreto, esa demarcación está destinada al número 3.

Roberto Carlos fue siempre un lateral de largo recorrido, a la brasileña, con un gran disparo. Marcó grandísimos goles, muchos de ellos de libre directo. Pero ninguno tan grande como el que consiguió en Lyon. Un gol que con el paso de los años ha despertado infinidad de inquietudes, algunas científicas. En el año 2010, un estudio publicado por la revista digital *New Journal of Physics* confirmaba que el gol de Roberto Carlos da Silva no fue una casualidad fantástica.

En Francia dejó huella. Muchos años después sigue dando que hablar. Un grupo de científicos franceses, liderado por el investigador Christophe Clanet, de la Escuela Politécnica de París, definió una ecuación que describía la trayectoria del balón con exactitud: «Hemos demostrado que la trayectoria de una esfera cuando gira al darle efecto es una espiral, tiene la forma de una concha de caracol», apunta el profesor, quien subraya que la curvatura aumenta a medida que la pelota se desplaza. Clanet y su colega David Quere se encontraron con esta acción de Roberto Carlos cuando analizaban la trayectoria de las balas.

«En un campo de fútbol real se puede ver

Ese gol no llegó por casualidad. Detrás hay horas y horas de entrenamiento. 28.193 espectadores fueron los privilegiados por verlo en directo.

algo parecido a esta espiral ideal, pero la gravedad lo modifica. Sin embargo, si se chuta con la suficiente fuerza, como Roberto Carlos, se puede minimizar el efecto de la gravedad. Si esa distancia es pequeña solo se ve la primera parte de la curva; pero si esa distancia es grande (treinta y cinco metros en el caso del brasileño) se ve el desarrollo de la curva y el conjunto de la trayectoria», aclaró en su día el doctor Clanet.

Marcus du Sautoy es un matemático de prestigio. Autor del libro *La música de los números primos* (Acantilado, 2007), ve la vida en clave de números y de geometría. Donde algunos ven arte o paisaje, él observa enseguida el dibujo geométrico de las baldosas o de las paredes. Y suele decir que «los futbolistas no lo saben, pero sus chuts son pura matemática». Sautoy es hincha del Arsenal. Disfrutó mucho con Cesc Fàbregas, uno de sus jugadores favoritos. «Galileo escribió las ecuaciones que describen las trayectorias de sus lanzamientos», reconoce el divulgador británico.

Pero en el momento de lanzar aquel gol mágico, Roberto Carlos solo pensaba en exprimir su talento. Lejos estaba de pensar que su

Un grupo de científicos de la Escuela Politécnica de París formuló la ecuación que describía la trayectoria del balón

toque podía tener consecuencias sobre la pizarra de una universidad. Él no pudo estudiar mucho en São Paulo, su ciudad natal. A los doce años incluso echaba una mano a la economía familiar trabajando en la factoría Torsao Cordeiro. Así que, lejos de las matemáticas y de desafiar con su gol la física, Roberto Carlos siempre se sincera y explica con sencillez el truco; el manual que le permite realizar una parábola, a la que él no da ninguna importancia, porque disfruta del balón desde niño. «La clave en ese golpeo es la posición de la válvula del balón. Siempre la pongo mirando hacia mí, porque esa es la parte más dura de la pelota».

En esa zona impactó Roberto Carlos en aquella bola de Adidas que se incrustó en el arco de Fabien Barthez. Una receta natural, sin aditivos. Así de «fácil». Roberto Carlos domaba la velocidad del balón con su chut a la válvula. Se acabó el misterio.

Él hizo disfrutar mucho a la afición del Real Madrid. Su condición física descomunal permitió incluso a sus entrenadores poder alinear un equipo asimétrico tácticamente en la época de «los galácticos». Vicente del Bosque, entonces entrenador del equipo, pudo aunar una colección de estrellas en el campo

(Figo, Beckham, Zidane, Ronaldo o Raúl), en parte, porque Roberto Carlos, con su explosividad, le brindaba la opción de jugar sin un delantero de banda izquierda. Zidane fue el gran beneficiado de sus idas y venidas por el carril izquierdo.

Cruzó el charco con ilusión, desde el Palmeiras de São Paulo, donde jugaba con Rivaldo, al Inter de Milán. Allí se encontró con un técnico inglés, Roy Hodgson, que no acabó nunca de confiar en él. Un alivio. Porque el Real Madrid lo compró al Inter por seiscientos millones de pesetas (3,6 millones de euros). Un regalo, pasado el tiempo. Ganó tres Copas de Europa con el Madrid y recorrió el mundo en busca de la felicidad. Tiene siete hijos viviendo en diferentes partes del mundo. El día de Nochevieja se reúne con todos.

Tras el golpeo de Roberto Carlos, la pelota describe una trayectoria imposible, que burla la barrera defensiva de Francia y asombra al portero Fabien Barthez.

Ese gol a Francia no llegó por casualidad. Detrás hay horas y horas de entrenamiento. Cuando los demás se iban a la ducha, Roberto Carlos mejoraba sus lanzamientos. Le persuadía la perfección. Así que buscó la precisión extrema. Se planteaba tocar el mayor número de veces el larguero desde media y larga distancia. Un juego circense que le transmitía confianza. Ensayo, calidad, toque, mira telescópica. Todos esos recursos acompañaron a Roberto Carlos en la jornada del 3 de junio del año 1997 en el estadio Gerland de Lyon. 28.193 espectadores fueron los privilegiados por verlo en directo. El resto del mundo, afortunadamente, lo pudo ver por la tele ●

BUTRAGUEÑO
HIERRO

La pesadilla de Dinamarca

«Tras los cuatro goles a Dinamarca, hay un antes y un después en mi vida. Han pasado los años y gente a la que no le gusta el fútbol aún me lo recuerda por la calle.»

EMILIO BUTRAGUEÑO

«Nos quedamos con diez tras la expulsión de Zubi. Javi Clemente nos dijo en el descanso que íbamos a ganar a balón parado. Y así fue. Marqué de cabeza.»

FERNANDO HIERRO

ESPAÑA, 5 - DINAMARCA, 1 • ESPAÑA, 1 - DINAMARCA, 0

*E*spaña se convirtió en el lobo feroz de Dinamarca en la década de los años ochenta y noventa. Emilio Butragueño y Fernando Hierro, en épocas distintas pero consecutivas, amargaron la ilusión de su amigo Michael Laudrup, un futbolista fascinante y admirado, que ganó la primera Copa de Europa con el FC Barcelona y luego una Liga con el Real Madrid. Los clubes españoles le dieron a Michael Laudrup todo. Sin embargo, la selección española borró la sonrisa del genio danés. Y le dejó sin ocupar el trono que él siempre mereció.

Emilio Butragueño destrozó la ilusión de Michael Laudrup y de Elkjaer Larsen una tarde tórrida, el 18 de junio de 1986, en el estadio La Corregidora de Querétaro. Dinamarca llegaba al Mundial de México como un equipo emergente, con la vitola del buen fútbol como bandera. Con Morten Olsen y con un inolvidable Soren Lerby, ex del Ajax y del Bayern de Múnich, siempre con sus medias bajadas. Lerby era un jugador valiente que arriesgaba las tibias en cada partido al jugar sin espinilleras. No eran obligatorias en aquella época. Sus libres directos, su zurda, eran puro veneno.

Dinamarca había tumbado en su grupo a Alemania, Uruguay y Escocia. Comenzaba la segunda fase del Mundial como una de las favoritas, pero ese día España fue un vendaval. Y eso que Dinamarca se adelantó con un penalti marcado por Jesper Olsen en el minuto 33. Fue un golpe duro, pero bien encajado porque, tras ese gol, empezó a fraguarse la leyenda del Buitre. En ese partido, que empezó tan mal, Butragueño marcó cuatro goles y provocó dos penaltis; uno de ellos, el primero, es su jugada favorita.

Emilio Butragueño fue un jugador punzante. Regateaba en una baldosa. En el área nunca tenía prisa. Marcaba el paso y detenía el tiempo. Con calidad, sin prisa, colocaba el balón en la jaula como si fuera un jugador de billar americano. Su primer gol a Dinamarca fue pura vitamina para España. Un gol inteligente, interceptando un balón lateral con destino a Lars Hogh, el portero danés. A media salida, Butragueño hizo *toc* y mandó el balón a la red por debajo de sus piernas. Era el final del primer tiempo. Emilio se fue a la esquina, con la mano abierta, a celebrarlo con sobriedad; el cartel de su vida. Si hay una imagen de Emilio en México 86, es esa. En solitario, levantando la mano, saludando al mundo con moderación de escolapio.

Los mundiales consagran a los grandes. Y Emilio lo sabía. Era la primera vez que firmaba cuatro goles como profesional. Y se fue de México con cinco: máximo goleador del Mundial, junto a Gary Lineker y al brasileño Careca. En un torneo donde Maradona fue el actor principal, Butragueño salió reforzado y elevado a la categoría de los más grandes. Mereció el Balón de Oro, que ese año se llevó con sorpresa Igor Belanov (Dinamo de Kiev). Lineker fue plata y Butragueño se tuvo que conformar con el de bronce.

Butragueño rubricó contra Dinamarca goles de todos los colores. De habilidad, el primero; de cabeza, rebañando una segunda jugada en el área pequeña; de penalti, también. Desplegó un repertorio sutil. Incluido un regate mortal en un palmo de césped, que recordó al mejor Johan Cruyff. Un reverso de tacón prodigioso, dentro del área, que acabó trabado en el suelo por Morten Olsen. Emilio confiesa que, de todo aquel recital, se queda con esa acción de fantasía. El penalti lo transformó él mismo. Era el 5-1 definitivo. Andoni Goikoetxea, el central del Athletic de Bilbao, había fabricado el 3-1 con otro penalti provocado por Emilio.

> Un reverso de tacón prodigioso, dentro del área. Emilio Butragueño confiesa que, de todo aquel recital, se queda con esa acción de fantasía.

En ese resultado inolvidable aparece Míchel. Compañero suyo del Madrid, Míchel le aconsejó en el autobús camino del estadio: «Nene, juega en el área, desmárcate ahí y llegará el premio». Emilio lo bordó. Fue letal en los últimos metros. No era un día para descargar por fuera. Butragueño le hizo caso a Míchel. Visto con el paso del tiempo, es evidente que ya tenía alma de entrenador.

A partir de ahí, ilusión máxima. Los goles de Butragueño comienzan a dar la vuelta al mundo. Y en España suscitan una euforia desmedida. Las acciones de ensueño son aquellas que trascienden, las que provocan situaciones, las que conllevan consecuencias. El gol ya no pertenece a su autor y cobra su propia vida.

Miles de aficionados salen a la calle. En pleno verano, de forma espontánea la gente se reúne en la plaza de Cibeles. El paseo de la Castellana está repleto de terrazas que alivian el calor. El público, de forma natural, desemboca y se refresca en Cibeles. Y, de repente, cobra fuerza un grito inesperado. «Oa, oa, oa, Butragueño a la Moncloa». A cuatro días de las elecciones generales, la campaña entra en su recta final y por ahí se cuela el guiño de la ciudadanía hacia Emilio Butragueño, que en ese instante abre un nuevo santuario del fútbol español.

Emilio es el personaje del año. El más querido por las familias españolas.

Esos comicios los ganó Felipe González y el PSOE revalidaba la mayoría absoluta conseguida en 1982, pero con dieciocho escaños menos. Coalición Popular entonces, luego Partido Popular, se consolidaba como segunda fuerza política, esperando su momento. La sociedad sufre una sacudida de entusiasmo. La alegría se desborda. El rey Juan Carlos entra en directo en el telediario de Televisión Española y felicita por teléfono al entrenador, Miguel Muñoz. Le transmite la enhorabuena y le pide que mande el mensaje de felicitación a José Antonio Camacho como capitán del equipo. Al rey se le nota emocionado.

—Emilio, ¿qué pensó al acabar el partido?

—No le di importancia. Estaba feliz por haber eliminado a Dinamarca, pero no me recreé desde el punto de vista personal. Consideré que había tenido suerte. No había hecho jamás cuatro goles en el Real Madrid y, de repente, viene todo eso. Y pensé: «La vida ha querido que así suceda».

—¿Cómo vivieron sus padres la gesta de Querétaro?

—Mi padre estaba en México, siguiendo el Mundial. Estaba radiante, feliz. Pisaba una nube, no sabía dónde estaba. Y mi madre, en Madrid. Asediada por los periodistas en la perfumería de Narváez. Ella no estaba acostumbrada y toda la atención mediática se desplazó hacia la tienda. Se agobió con tanta atención. Fue en el año 86, pero en esa época no había Internet, ni móviles. No era tan cómodo comunicar de inmediato con tu casa. De hecho, creo recordar que con mi madre hablé al día siguiente. La noche tras el partido fue muy larga.

—Los cuatro goles son especiales. Pero creo que, de todo su repertorio, se queda con el arte de engañar a Morten Olsen en el penalti. Un guiño a Johan Cruyff fue aquello…

—Es verdad que es un movimiento que le había visto hacer a Johan Cruyff. Siempre lo he dicho. Era mi ídolo de chaval. Lo que no sé es por qué surgió en ese momento intentar ese recorte en el área. Es verdad que, al ir ganando, no es tan importante un error y se puede arriesgar más. Me sentí cómodo. El partido estaba resuelto y lo intenté. Me salió y delante de todo un jugadorazo como Morten Olsen. Por eso, quizá le tengo más afecto a esa jugada. Por estar quien estaba delante de mí en el marcaje. En ese tipo de situaciones, en espacios cortos, yo me movía a gusto. Me fui por centímetros, Morten Olsen llegó tarde y fue un penalti claro.

—¿En qué cambió su vida ese zurrón de goles a Dinamarca?

—Hubo un antes y un después en mi vida. Desde el punto de vista social, adquirí un protagonismo mayor. Era el único jugador español en marcar cuatro goles en un Mundial. Han pasado muchos años ya desde 1986, y, sin embargo, hoy en día, incluso la gente a la que no le gusta el fútbol se acuerda. «Usted fue el de los cuatro goles a Dinamarca.» Todos cumplimos años. Hace catorce años que me retiré y todavía me lo comentan por la calle.

—Míchel le adelantó lo que podía ocurrir si usted jugaba en el área…

—Siempre me ha gustado asociarme en el campo. Y Míchel me conocía a la perfección. Nunca he sido especialista en el gol. Porque además siempre tuve un goleador al lado. En el Real Madrid tenía a Hugo Sánchez y, en la selección, a Julio Salinas. A mí me gustaba recibir la pelota y cuando he definido es como consecuencia del propio juego. No porque fuera un especialista. Míchel me decía que no bajara a descargar; él me insistió en que me quería ver en el área. En esa zona nunca hay que acelerar, sino pararse. Al menos en mi época. Los tiempos han cambiado y el fútbol también. Pero yo entendía mi fútbol de esa manera.

—¿Llegó a sentirse tentado con alguna oferta millonaria tras el Mundial?

—Acababa de renovar justo un año antes en el Real Madrid. Yo solo pensaba en mi casa, en el Madrid. Nunca me planteé salir

Veintidós millones de personas vieron a Butragueño en TVE. Los aficionados del Real Madrid veneran la Cibeles desde ese día. Muchos no lo saben. Butragueño, sin quererlo, inicia una nueva etapa en la historia del club. Y aprovechando la fiesta del Buitre en Querétaro, el Madrid ya nunca dejaría de acudir a la cita con esa diosa cada vez que gana un título. Tampoco la selección. Butragueño y el Mundial de México 86 añadieron un eslabón diferente al devenir del Real Madrid. Luego vino el día de bajón: España cayó en cuartos de final por penaltis, ante Bélgica. Eloy no tuvo suerte. Aquel equipo de Miguel Muñoz, como algún que otro luego, tenía pinta de campeón.

La cabeza de Hierro

Dinamarca tuvo suerte en el año 1992. Eludió a España en su camino. Vicente Miera acabó ciclo y comenzó, tras el oro olímpico de Barcelona, la era Javier Clemente. Entretanto, Dinamarca, en pleno estío, había dado vacaciones a sus jugadores. No se había clasificado tampoco para la Eurocopa de Suecia 92 y al-

gunos de ellos disfrutaban de sus días libres en la península de Jutlandia.

La guerra de los Balcanes hizo que Yugoslavia se cayera del mapa del torneo. La UEFA invitó contra reloj a Dinamarca, segunda en el grupo que había liderado Yugoslavia. Y sin preparación de ninguna clase, el seleccionador Richad Møller Nielsen, a lazo, cazó a un grupo de futbolistas como Peter Schmeichel, Kim Vilfort, John Jensen, Brian Laudrup o Fleming Povlsen, un chico que había jugado en el filial del Real Madrid, el Castilla, y que, en esos momentos, militaba en el Colonia alemán.

Dinamarca no paró de vender mantequilla Lurpak durante todo el torneo. La mantequilla de la Junta Lechera Danesa. Era su patrocinador. Lurpak de desayuno, para la merienda y en la cena. Cada vez que los periodistas (yo era enviado especial de la Agencia Efe) visitábamos la delegación danesa, la marca se encargaba de recordarnos que esa compañía era el símbolo de su país.

En ese torneo, Dinamarca se liberó. Jugó un fútbol maravilloso. Ganó en la final de Göteborg a Alemania (2-0), que, como favorita, confiaba en el talento de Brehme, Matthäus o Klinsmann, lo mejorcito de entonces. Futbolistas muy cotizados por los que estaban interesados muchos clubes en todo el mundo. Brehme hablaba con el Real Zaragoza. Su mujer había nacido en Utebo (Zaragoza) y, al final, acabó en La Romareda. Y Klinsmann negociaba con el Real Madrid a tumba abierta, pero, en el último momento, se frustró la negociación.

Poco tiempo después de su victoria ante Alemania, Dinamarca volvió a encontrarse con España. El sorteo para la clasificación del Mundial de Estados Unidos, en 1994, unió de nuevo sus destinos. Y por ahí llegó uno de los miles de partidos del siglo que se viven en el fútbol español. A vida o muerte. 17 de noviembre de 1993. España-Dinamarca. La RFEF eligió el estadio Sánchez Pizjuán de Sevilla como escenario. Un pulmón incondicional. Sobre todo, esos días nublados por la incertidumbre. Sevilla no fallaba nunca. Dinamarca llegaba como líder del grupo 3. En Copenhague ya nos había ganado (1-0) y se presentaba en Sevilla con el vigente equipo campeón de la Eurocopa, más el inusitado regreso del hijo pródigo, Michael Laudrup.

España formó con: Zubizarreta; Ferrer, Alkorta, Nadal, Giner, Camarasa (Cañizares,

Hierro: «O ganábamos o nos íbamos fuera. Y a los diez minutos, Zubizarreta es expulsado. Laudrup se quedaba solo. No tuvo más remedio…»

minuto 9), Fernando Hierro, Goikoetxea, Luis Enrique, Bakero y Julio Salinas (Kiko, minuto 53). Una roca esa selección que, sin embargo, se encontró con la expulsión de Andoni Zubizarreta en menos de diez minutos. Zubi no tuvo más remedio que derribar fuera del área a Michael Laudrup, que se iba directo a gol, y España tuvo que afrontar casi todo el partido con diez jugadores.

Sin calentar en la banda, debutó Santi Cañizares en el equipo nacional. Jugaba en el Real Club Celta de Vigo. Había llegado a la antigua Ciudad Deportiva del Real Madrid de la mano de Eduardo Caturla, que detectó su pericia en el Calvo Sotelo de Puertollano. Habitual de las selecciones inferiores en mundiales sub-16 y sub-20, Cañizares tuvo que buscarse la vida para encontrar su puesto. Pasó por el Elche, el Mérida y el Celta, antes de regresar por la puerta grande al Real Madrid, de nuevo, en el año 1994. En el Valencia CF, luego, creció como portero de nivel internacional. Cañizares rubricó esa noche contra Dinamarca un partido inmenso. Todo lo hizo bien. Templado, centrado, paró balones increíbles a los hermanos Laudrup. Fue el primer héroe del partido.

El otro héroe fue el autor del 1-0: Fernando Hierro. Un cabezazo suyo en el minuto 63 situó a España en el Mundial. Hubo un tiempo en el que se celebraban estas gestas.

Aún no sabía España lo que era ganar un Mundial. Hierro llevó a España a rozar el éxito, a competir y a estar cerca de los que ganan en Estados Unidos.

—Fernando, ¿cómo era aquella selección en la antesala del Mundial de 1994?

—Era un equipo sólido, fuerte, que demostró su vitalidad aquella noche en Sevilla, con un público enorme, volcánico, que nos ayudó desde el primer minuto. Nos la jugábamos. O ganábamos o nos íbamos fuera. Y, a los diez minutos, Andoni Zubizarreta se va expulsado. Pero es que Michael Laudrup se quedaba solo. No tuvo más remedio…

—¿Cómo reaccionó Javier Clemente, entonces seleccionador, en el descanso?

—Nos reunió y nos dijo: «Señores, vamos a ganar a balón parado». Estuvimos muy atentos a cada córner, a cada falta. Y así fue. Nos llevamos una alegría inmensa. Recuerdo las lágrimas de Zubi. Era un día importante para el país. Y no podíamos fallar. El triunfo tuvo una repercusión brutal. Todos los telediarios abrían con nuestra clasificación.

—¿Cómo vio a Santi Cañizares? Debutaba esa noche…

—Fue curioso y siempre lo recordaré. Nos sorprendió a todos por su madurez. Desde que salió del banquillo hasta que entró en el campo, igual le pudimos decir más de cincuenta veces la palabra «tranquilo». «Tranquilo, tranquilo», le repetía todo el mundo. Así que, ya en el campo, se giró y nos dijo: «Tranquilos vosotros, que yo estoy fenomenal». Nos cortó de raíz. Nos llamó la atención su fuerza mental, su personalidad, su valentía. Fue arrollador. Lo paró todo.

—Y, entonces, llegó su gol. Minuto 63…

—Saca un córner Goikoetxea; luego, ya en la tele, veo que es José Mari Bakero quien se pone delante de Schmeichel y le estorba en el salto. Vengo detrás, salto y tengo la suerte de cabecear y mandar el balón adentro.

—¿En su época de central, el juego aéreo fue su fuerte? ¿Siempre fue así?

—No especialmente. La mejora mía llegó con la competición. De chaval, por ejemplo, no iba bien por arriba. Con dieciséis años era pequeñito; fui de desarrollo tardío, como se suele decir. Lanzaba todo. Faltas, córners. Es decir, nunca remataba nada. Era lanzador. Hasta que con diecinueve años, cuando jugaba de medio centro, mi misión era saltar a por los balones largos de los porteros y ganar la pelota. En el Real Valladolid tiraba también los córners. Hasta que llegué al Real Madrid y me encontré que había jugadores especialistas como Míchel. Y, por tanto, me vino la opción de mejorar el juego aéreo más tarde.

—Su gol echó a la gente a la calle en España. Sevilla fue una algarabía toda la noche…

—La selección estaba alojada en el hotel Colón, el hotel de los toreros. Todos los alrededores estaban inundados de gente que quería pasar. Era imposible salir por la puerta principal. Estaba todo colapsado. Yo tenía a mi familia en otro hotel. Así que me sacaron por la puerta de atrás y lo celebré con mi gente, con mis padres, hasta las cuatro o las cinco de la mañana. En el vestíbulo del Colón estaban todas las radios. Yo era entonces demasiado «salvaje» y preferí no hablar con los medios.

—Aquella película tuvo un final feliz. Meses después, en cambio, llegó el palo en EE. UU. La agresión de Tassotti a Luis Enrique, la jugada de Julio Salinas, el gol de Baggio. Ya con perspectiva, ¿qué le faltaba a la selección para no pasar de los cuartos de final de una competición?

—A aquel partido ante Italia le he dado vueltas mil veces. Pasamos del 1-2 de Julio Salinas al 2-1 de Roberto Baggio en un instante. Creo que nos faltaba confianza en los grandes partidos. Teníamos siempre pensamientos

Hierro: «Bakero se pone delante de Schmeichel y le estorba. Vengo detrás, salto y tengo la suerte de cabecear y mandar el balón adentro.»

negativos. Creíamos que algo extraño iba a pasar. No había energía positiva. Cumplíamos, éramos consistentes, pero nos bloqueábamos en los cuartos de final. Nos hablaban de hacer la maleta desde fuera. Y, sí, era verdad. Te quedabas mirando la maleta. Eso afortunadamente ha cambiado. La mentalidad, los chicos nuestros de hoy, han cambiado la tendencia. Somos ganadores. Nosotros, en ese partido contra Italia, fuimos mejores; pero nos fuimos a casa.

Aquel pasaje de la historia de España en Sevilla es aún hoy en día uno de los momentos clave en la televisión. Tuvo un 33,3 por ciento de audiencia. Y el gol de Hierro es uno de los veinte momentos más vistos en la historia de la tele en España. La selección vendió, vende y venderá. Sus números son elocuentes •

Emilio Butragueño le marcó cuatro goles a Dinamarca en el Mundial de México 1986. El partido acabó 5-1 y marcó para siempre la carrera del jugador del Real Madrid.

SEÑOR

La puntilla a Malta

«Marqué el 12-1 con la pierna de plata.
España recuperó aquella noche la rasmia y el orgullo.»

JUAN SEÑOR,
autor del último gol del histórico España-Malta en 1984

ESPAÑA, 12 - MALTA, 1

*J*osé Ángel de la Casa fue la voz del fútbol español en la televisión durante años. Jugó al fútbol de lateral izquierdo en el Talavera. Siempre leyó e interpretó bien lo que ocurría en el césped y lo trasladó a los aficionados sin gritos. Entendió los silencios y sobre todo nos enseñó que la narración de la tele y la radio son diferentes. Un buen día se inventó la figura del comentarista y encontró en Míchel al número uno. Juntos vivieron la época dorada de TVE.

José Ángel vivió con pasión el famoso 12-1 a Malta, una catarata de goles que necesitaba España, un milagro que se cumplió con un fútbol voraz de un equipo que necesitaba el impulso de Poli Rincón, de Carlos Santillana, de Juan Señor y de todos para sacar un billete para la Eurocopa de 1984 en Francia.

El autor del gol número 12 fue Juan Señor. José Ángel lo cantó en la tele de forma inolvidable, con un gallo incluido. Su grito «¡Goool de Señorrrrr!» recorrió el alma de los españoles y entró en sus casas como un rayo de bienestar y esperanza. Hay situaciones que son dignas de rescatar en la vida. Y cuando hay un nexo común, una historia que se perpetúa en el tiempo, aparece la pregunta. ¿Y usted dónde estaba? El 12-1 a Malta forma parte de ese número de episodios inolvidables. La gente recuerda perfectamente dónde lo vio.

En diciembre de 1983, los canales temáticos en televisión aún eran una quimera. Era todo más artesanal. No existía el flujo de información tan brutal del siglo XXI. Miguel Muñoz, entonces seleccionador de España, no disponía fácilmente de imágenes urgentes y en directo de otros partidos. El sábado anterior al mítico partido del estadio Benito Villamarín en Sevilla, Malta jugó contra Holanda, el equipo a batir en la clasificación. Miguel Muñoz envió de espía a Vicente Miera, su ayudante, que pudo ver en directo como Holanda le pintaba la cara a Malta con seis goles (6-0).

El informe de Miera fue demoledor. Holanda no marcó seis más porque no quiso. Le dio pereza. Aplicando un silogismo sencillo, si España necesitaba de saque endosar once goles como mínimo para clasificarse, aquel reto no era imposible. Así que Miguel Muñoz, al escuchar el razonamiento, no se conformó con el discurso oral. Pidió el vídeo del partido. Llamó personalmente a José Ángel de la Casa con el fin de mostrar aquellas imágenes a sus jugadores y así elevar la moral de la tropa.

En TVE comenzó el operativo. José Ángel puso el asunto en manos de Segundo Vinuesa, productor en Torrespaña, y este, con sus contactos en el control técnico de Eurovisión y en Ginebra, pudo conseguir su objetivo. Dicho y hecho. Miguel Muñoz tuvo la cinta un lunes, dos días antes de jugar contra Malta. Se la entregó en persona José Ángel en el hotel de concentración, el Oromana, en Alcalá de Guadaira, muy cerca de Sevilla.

Y ahí comenzó la terapia de grupo, liderada por Poli Rincón. Fue el único que creyó en la machada. Ahora comentarista de radio, Hipólito Rincón fue un delantero fogoso, luchador, honesto en el césped. Y, por encima de todo, lo más importante, un goleador que vivía su etapa de internacional en su mejor momento, como delantero en el Real Betis Balompié. Creció en la cantera del Real Madrid, se ganó volver al Bernabéu, tras un periplo por el Recreativo de Huelva y por el Real Valladolid, y triunfó con rotundidad en el Real Betis, el equipo de su vida.

En la selección se divirtió mucho. Era un chaval revoltoso. El líder de un grupo de traviesos, donde estaban Marcos Alonso, Julio Alberto, Rafa Gordillo y el Lobo Carrasco. Se

> En esa noche de frío y lluvia, muy poca gente creía en el 11-0 necesario para subirse al tren de la Eurocopa. Hubo solo media entrada en el Benito Villamarín.

autodefinían como los Gremlins. Y había que tener cuidado con ellos en las concentraciones. Sus bromas eran de colegio mayor de los de antes. Un día, incluso llegaron a vaciar extintores en el hotel.

En aquella noche de frío invierno muy pocos creían en el 11-0 necesario para subirse al tren de la Eurocopa. Hubo solo media entrada. No paró de llover. Cuenta como detalle José Ángel de la Casa que, en la mañana del partido, el jefe, como llamaban a Ramón Díez, el realizador de TVE, andaba muy molesto. Le habían quitado una cámara. Las condiciones de la transmisión eran precarias. Nadie apostaba por ese evento. Y, por si había pocos problemas, también le quitaban la cámara autónoma a Alfonso Azuara, reportero de lujo entonces en el banquillo. Gracias a él toda España pudo escuchar las primeras reacciones de Miguel Muñoz justo cuando Juan Señor hizo el 12-1 al final del memorable encuentro. Muñoz solo acertaba a repetir: «¡Fenomenal, fenomenal!» Hasta que se vino arriba y se le escapó en pleno éxtasis: «Les vamos a meter tres más».

Al descanso se llegó con un escaso 3-1 para España. En un tiro libre, una jugada desgraciada, el jugador de Malta Demauelle había marcado un gol imposible que pegó en la espalda de Maceda y despistó al portero Paco Buyo, que debutaba ese día con la selección. El plan no funcionaba. Juan Señor mandó un penalti al poste y había gran desánimo. Al descanso hubo quien se marchó del estadio. Otros dejaron de verlo por televisión. Pero aquel equipo tenía hambre. La desazón que produjo el fracaso del Mundial 82 pesaba en el fondo, pero ya había comenzado la regeneración, y futbolistas como Buyo, Maceda, Camacho, Goikoetxea, Señor, Marcos Alonso, Sarabia, Carrasco o Víctor mostraron ese día su carácter. Casi todos han sido después entrenadores. Tenían casta y visión táctica. Eran ya técnicos en potencia.

En la caseta del Benito Villamarín, Miguel Muñoz no tiró la toalla. Se podía remontar mejorando el acierto en la definición. Y ahí se volcó, con Poli Rincón, el optimista, como maestro de ceremonias. La clave de la remontada fue marcar cuatro goles en quince minutos. Los tantos no se celebraban. Se sacaba el balón de la red y, con *sprints* de cincuenta metros, Santillana y Rincón llevaban el balón al centro del campo. Cuatro goles de Santillana, otros cuatro de Rincón, dos de Maceda, uno de Sarabia y el 12-1 de Juan Señor certificaron la presencia de España en una Eurocopa de Francia, donde el título se le escapó de entre los dedos de las manos.

Rincón siempre dijo que si España hubiera necesitado quince goles los hubiera marcado. La moral y la motivación de aquel grupo era de tal calado que no existían barreras para ellos. Buyo, Señor, Maceda, Goikoetxea, Camacho, Gordillo, Víctor, Sarabia, Santillana, Carrasco, Rincón, Marcos. Realmente, solo defendieron Buyo y Camacho. El resto se fue al ataque desde el minuto uno.

El 12-1 fue un bálsamo para el fútbol español. Y para esos futbolistas un contenido de tertulia para siempre. Poli Rincón y Gordillo adoptaron el apellido de los hermanos malteses Farrugia para bromear e instalar ese tipo de códigos internos que permiten relajar la tensión al grupo. De hecho, Rincón llamaba «Farrugia» a Gordillo cuando se dirigía a él y se quedó mucho tiempo con ese apelativo.

Además de Señor, el partido elevó a la cumbre de la fama al portero de Malta: John Bonello. Muy a su pesar porque doce goles no se encajan todos los días. Así que aguantó el chaparrón el resto de su vida. Lo hizo con deportividad y ese punto de humildad le dio popularidad en España. En diciembre de 1996, tuve la oportunidad de hablar con él en un nuevo viaje de la selección española a Malta. Aún jugaba con treinta y ocho años, en el Hamrun Spartans, y compatibilizaba el fútbol con su profesión de agente inmobiliario. Se mostró amable y nunca se escondió por esa goleada. Es más, aquel día su sueño era conocer en persona a Andoni Zubizarreta, entonces el portero de España. Bonello se acordaba de los goles de Santillana, de la velocidad de Gordillo, de uno que según él «peleaba mucho», como Rincón, y sobre todo de aquel «jugador tan rápido del FC Barcelona... Carrasco; eso, Carrasco». «España fue un aluvión», me reiteraba Bonello. Esa sencillez y esa naturalidad le hicieron ser siempre muy cercano.

Tanto es así que la cerveza Amstel le eligió como protagonista de un anuncio publicitario en España. Bonello aparece bebiendo una cerveza en un salón. Detrás de él, aparece colgada en un cuadro la camiseta de Santillana, con el dorsal número 9, como si fuera un museo. La empresa quería vender el concepto de la amistad y lo consiguió. Fue rodado por una compañía experta del sector como McCann Erickson. No fue la única empresa que ha buscado notoriedad basada en el 12-1. Con el paso del tiempo, el partido España–Malta se sigue jugando. Juan Señor, al finalizar la gesta con su gol, fue arrollado y tirado al suelo por todo el equipo. Si aguantó la melé que sufrió con todos sus compañeros encima de él en la celebración, Señor lo puede soportar casi todo.

Con canas en su cabeza, el Banco Popular puso en el mercado un plan de pensiones que patrocinó Juan Señor. Pisó de nuevo el césped del Benito Villamarín. No estaban ya las 30.000 personas de esa noche. La grada verdiblanca vacía y el jugador mirando la portería donde mandó un disparo certero con la pierna izquierda. Juan Señor recorría con su mirada los 360 grados del estadio e invitaba al público a depositar sus ahorros en el Popular.

La búsqueda de un aumento de ventas dispara de vez en cuando un toque retro, apelando a acontecimientos asociados a la alegría. El 12-1 invita a la armonía, a la búsqueda de la felicidad para un *target* de público, un objetivo para una determinada edad al que el fútbol le dio energía, vitalidad y optimismo. Por eso, Cafés La Estrella incluso se llevó un premio a la campaña más eficaz realizada con menos de 300.000 euros. Para ello, apelaron a Poli Rincón y a José Ángel de la Casa como argumentos. Se trataba de poner en valor una marca histórica, de un café de toda la vida, con iconos mediáticos de los años ochenta. «Lo bueno, perdura», era el lema de Cafés La Estrella, que añadía un eslabón más a la repercusión de un gol que ponía de moda otra vez la selección española.

Juan Señor fue el héroe. Triunfó jugando al fútbol siendo bajito. Mérito añadido en una

> **Señor**: «Había conseguido el duodécimo, el que nos clasificaba, el que transmitía felicidad a millones de españoles, el que rompía el maleficio del penalti fallado.»

época en la que precisamente no ser alto era tildado de sospechoso por algunos entrenadores. Juan era un futbolista de toque, muy técnico, con buen golpeo de empeine. E inteligente en el campo. En el período más exitoso de la selección española, mandan los bajitos: Xavi, Iniesta, Silva, Cazorla, Mata. Pero no siempre fue así. A Juan Señor le costó sacar la cabeza en el fútbol profesional. Hasta que alcanzó la proeza con el número 2 a la espalda esa noche, Señor recorrió muchos kilómetros. Del juvenil del Real Madrid a Ciempozuelos, en Tercera División, pasando por el Alavés, el club que le permitió dar el salto a la que fue su gran casa, el Real Zaragoza. Retirado del fútbol, con el título de entrenador nacional, Juan Señor dirige en la villa de Ágreda (Soria), a pies del Moncayo, uno de los campus de fútbol para jóvenes más solicitados. En la portada de su web, como signo de distinción, aparece el 12-1 a Malta.

—¿En qué cambió su vida la hazaña de Sevilla?

—Al cabo de muchos años, porque en esos momentos de euforia no eres totalmente consciente de lo que supone para el aficionado español, compruebo que este gol supuso un punto de inflexión. Aunque llevaba jugando

Juan colaboró en retener en la memoria de todos y cada uno de los aficionados, y para siempre, dónde vieron el 12-1. España aún no era campeona mundial.

dos temporadas y media en Primera División, con el Real Zaragoza, y ya había sido seleccionado una decena de veces, yo no dejaba de ser uno de los elegidos para representar a España, pero siempre con la vitola mediática inferior a la que tenían jugadores que aportaban el Real Madrid o el Barcelona. Esa era la realidad hasta ese día y que después del gol se transformó en el icono de una nueva España ilusionante que se desprendía de la piel del desencanto del Mundial de España 82. Hubo personas que, sin ser aficionadas al fútbol, se engancharon a una goleada milagrosa. Algunos me recordaban el penalti que lancé al poste en el minuto 4 de ese partido.

Lo cierto es que ese después perdura en la memoria colectiva como un episodio memorable en el que España recuperaba la rasmia y el orgullo que siempre la había caracterizado. Volvía a ilusionar y ahora puedo afirmar que me han hecho sentir la parte positiva de la historia futbolística de este país. ¿Se imaginan que solo hubiéramos conseguido un 11-1 en lugar de 12-1? Todo el mundo se habría quedado con el penalti fallado y entonces hubiera pasado a la historia de los malos recuerdos junto con los acusados de otras épocas. Está claro que a mí me tocaba ser de los buenos.

—¿Por qué sus goles más famosos los marcó con la pierna menos buena?

—Soy diestro pero reconozco que los goles más recordados que he marcado han sido con la pierna izquierda. No solo contra Malta sino que también en el Mundial de México 86 marqué con la izquierda el gol del empate contra Bélgica. Menos recordado, porque caímos en cuartos de final después de prórroga y penaltis. Hubiera igualado la mejor clasificación de España en un Mundial hasta esa fecha. Marqué un gol importante en la Copa del Rey contra el Burgos, desde fuera del área, de vaselina y con la izquierda. Después de pasar esa complicada eliminatoria jugada en la ida con barro, y en la vuelta con una parte del campo helada, eliminamos al Castilla y al Real Madrid para posteriormente ser campeones en la final contra el FC Barcelona. El manejo de ambas piernas no es una virtud, sino una necesidad. La virtud está en la predisposición del futbolista para conseguirla. Yo recuerdo que quería manejar la pierna izquierda como los zurdos naturales y me fijaba en su forma de golpear y accionar, pero sabía que nunca lo haría como ellos, pero sí que podía acercarme a sus prestaciones y así me convertiría en un jugador más completo. Reconozco que muy pocas personas me recomendaron aprender a golpear con la pierna mala aunque yo la

llamo «la de plata» y que mi espíritu de superación y autocrítica me llevaron a una mejora importante, que luego me recompensó sobradamente.

—¿Cómo pudo salir vivo de aquella montonera, de una celebración que acabó con usted en el fondo, aplastado por sus compañeros?

—Faltaban 5 o 6 minutos y necesitábamos un gol más. De pronto, y entre varios de los muchos jugadores que había dentro del área de los malteses, salió un rechace corto hacia fuera del área. Me venía hacia mi pierna izquierda y en décimas de segundo pensé que me venía a la pierna con la que debía golpear. Al balón le llegó mi confianza en la pierna de plata y el alma de la fe en el trabajo. Grité «Gooooool» con todas mis fuerzas. Había conseguido el duodécimo, el que nos daba la clasificación, el que transmitía felicidad a millones de españoles, el que rompía el maleficio del penalti fallado, el que me otorgaba el premio que buscaba, el que me daba fuerzas para jugar otro partido entero, el que me llevó a correr sin rumbo como si de una final de cien metros se tratase. Me acuerdo del placaje de mis compañeros al estilo de un partido de rugby. No me hubieran frenado de otra forma y, aun siendo consciente de los casi dos metros de Maceda, y de que tenía varios cuerpos más encima de mí, no noté en ningún momento la suma de sus pesos. Puedo suponer que como eran pesos positivos se convirtieron en más ligeros o que en mi exultante estado de alegría hubiera conseguido diluir una enorme carga que, en otras circunstancias, podría haberme hecho daño. Sí; salí vivo y feliz.

—¿Cómo afrontó psicológicamente aquel partido?

—Sabíamos que era muy difícil, pero queríamos creer. Unos lo manifestaron incluso a los medios de comunicación y otros, entre los cuales me incluyo, optamos por la prudencia en las declaraciones, pero sabiendo que lo podíamos conseguir. Holanda había ganado a Malta por seis goles e Irlanda le había marcado ocho. ¿Por qué no podíamos nosotros marcar once? Sabíamos que catorce o quince ocasiones de gol podíamos tener y lo único que necesitábamos era que el porcentaje de acierto fuera muy grande. Conseguimos siete u ocho ocasiones de gol en la primera mitad y solo fructificaron tres. En la segunda mitad fueron unas diez y logramos nueve goles. Todo esto se vio y se sintió, pero probablemente nadie conoce algunos detalles inéditos, o no los apreció.

Así resume Juan Señor estos detalles inéditos:

a) La escueta charla de Miguel Muñoz en la que nos transmitió que allí estábamos los elegidos por haberlo hecho bien en nuestros respectivos equipos. «Muchachos, no queráis hacer más de lo que sabéis hacer. Simplemente haced bien lo que habitualmente hacéis bien», nos dijo Muñoz.

b) Yo personalmente visualicé el éxito en ese partido al igual que lo hice en la mayor parte de mi carrera deportiva. No preveía ganar por once goles, pero durante cinco minutos más o menos desaparecí del vestuario para imaginar acciones en las que salía victorioso.

c) Arriesgar en el sistema de juego, en el que casi siempre se quedaban en posiciones defensivas solo Camacho y Goikoetxea. Los otros dos defensas —Maceda y yo— ejercimos prácticamente todo el partido como centrocampistas o delanteros

d) La colocación de recogepelotas cada cinco o diez metros —entonces estaba permitido— nos sirvió para no perder un solo segundo de tiempo. Así conseguimos desbordar psicológicamente a un equipo maltés que no estaba acostumbrado a jugar contra una presión tan continua.

e) Afrontar el partido con gran intensidad y agresividad para incidir en el ánimo de los malteses, ya que muchos de ellos no eran profesionales.

f) El descanso, al que habíamos llegado apenas ganando por 3-1, se dividió en dos partes. La primera, de silencio absoluto y reflexión sobre lo que había acontecido hasta el momento. La segunda, salpicada de voces de ánimo, en la que todos decidimos salir con la idea de que había que morir en el intento, que teníamos que generar las mismas o más ocasiones de gol que en la primera mitad para tener posibilidades.

g) En la segunda parte, fue importante la tarjeta roja que fui a buscar que le sacaran al extremo izquierdo (jugué casi todo el partido cerca de él), que ya tenía una amarilla. Faltando bastantes minutos y goles por marcar conseguí que le amonestaran con la segunda amarilla.

h) La actuación de casi todos los jugadores, aunque recuerdo especialmente a Camacho, sacando a los aficionados que invadieron el campo con el júbilo del gol que nos daba la clasificación. Esa actitud de la gente podría haber provocado que el colegiado suspendiera el partido y el riesgo de que la UEFA lo hubiera mandado repetir.

Juan Señor mantiene fresco el recuerdo. Parece que fue ayer. Y sin embargo, han pasado generaciones. Los españoles tampoco lo han olvidado. Juan colaboró en retener en la memoria de todos y cada uno de los aficionados, y para siempre, dónde vieron el 12-1 a Malta cuando España aún no era campeona del mundo ●

MIJATOVIC
La séptima

«Al marcar a la Juve, me sentí tan feliz, tan repleto de alegría,
que en ese momento uno cree que, si echa a volar,
puede llegar a planear como un pájaro alrededor del estadio.»

PEDJA MIJATOVIC,
autor del gol que le dio al Real Madrid su séptima Copa de Europa

REAL MADRID, 1 - JUVENTUS, 0

20 de mayo de 1998. Amsterdam Arena. El Real Madrid se enfrenta a la Juventus en la final de la Copa de Europa. Hace treinta y dos años que el Madrid no levanta el trofeo. Su capitán, Fernando Hierro, reconoce en privado que están hartos de escuchar el soniquete rancio que define a su club como ganador de copas en blanco y negro. Desde el año 1966, el Madrid no disfrutaba de un éxtasis europeo. El equipo *ye yé* fue el último en presumir de título. Manuel Sanchis hijo ha oído en su casa infinidad de veces la hazaña de su padre en el estadio Heysel de Bruselas. Ganó entonces el Madrid su sexta Copa de Europa (1-2) con goles de Amancio y de Serena. Cada vez que marcaban ambos equipos, el público saltaba al césped a abrazar a sus ídolos. La policía los sacaba como podía y los devolvía a la grada. Algo impensable hoy en día.

Restaba muy poco tiempo a Sanchis hijo para poder ponerse a la altura de Sanchis padre con aquella copa de Ámsterdam, la mítica «orejona», que describe Di Stéfano. Un día antes de la final aterriza el Real Madrid en el aeropuerto de Schipol, en la capital holandesa, casi al mismo tiempo que el avión en el que viaja la Juventus. El destino quiere que los vuelos de ambos finalistas coincidan en el mismo acceso de salida al exterior. Y ahí comienza ya el duelo.

De entrada, la Juve marca el primer gol en el aparcamiento. Aparece el autobús del equipo, pintado con los colores blanco y negro, serigrafiado su escudo, hermoso, señorial, con empaque: la Juventus destila poderío. Tiene autobús propio ¡y qué autobús! Los jugadores del Madrid se frotan los ojos. La Juve había traído su autocar desde Turín. Era algo imponente, con su escudo frontal, la silueta de un toro, el símbolo de la ciudad de Turín. El Madrid, en cambio, se tuvo que conformar con un buen autobús, sí, pero alquilado en Ámsterdam.

El club italiano fue fundado el 1 de noviembre del año 1897 por un grupo de estudiantes menores de diecisiete años (de ahí el nombre) del Liceo Classico Massimo d'Azzeglio. Vestían de rosa en sus primeros años y se pasaron al blanquinegro en 1903, con un uniforme importado de Nottingham. A finales del siglo XX, los futbolistas italianos, maestros de la imagen, estaban a la vanguardia con sus zapatos Ferragamo y sus trajes de diseño. Era otro mundo al que el Real Madrid no tardó en incorporarse tras aquella final.

El gol del aparcamiento y la sensación de

superioridad previa de la Juve, a quien todos consideraban como el equipo favorito, no se materializó sin embargo en el campo. Fue un partido en gran parte dominado por el Madrid, que se decantó en el minuto 66. Sacó de banda Panucci, tocó Seedorf, Panucci la puso en el área desde el costado derecho, cerca del córner. El centro fue pasado al segundo palo, Raúl no llegó, pero sí Roberto Carlos. El brasileño le pegó con el alma, tropezó en la maraña de la Juve, el balón quedó muerto y por allí, atento, se coló Pedja Mijatovic. Un toque sutil, un recorte a Buffon y de ahí directamente a los libros de historia. Desde entonces, el héroe de la séptima.

—¿Te emocionas aún cuando ves el gol?

—Es un recuerdo imborrable, es el gol más importante de mi vida y uno de los más bonitos que he marcado. Viéndolo por la tele me he dado cuenta luego de que no era fácil driblar al portero y levantarle la pelota por arriba.

—¿Era fuera de juego?

—No, de ninguna forma. Pesotto lo rompe. Fue una jugada larga. Panucci centra pasado, Roberto Carlos tira a puerta y yo me coloco por si hay un rechace; se produce el desvío y en el área no tengo ninguna duda, driblo al portero y ya veo la puerta vacía, miro de reojo a Montero, que aparece lanzado, y disparo. Montero no puede tocar el balón. Me volví loco. No sabía dónde celebrarlo, si subirme a la grada a gritar con la gente o abrazarme a Roberto Carlos. Enseguida me acordé de una promesa que le hice a Fernando Sanz y me fui a por él hacia el banquillo.

Ese plano, el abrazo de Pedja con Fernando Sanz, no existe en televisión. Se ve la carrera de Pedja, que va lanzado señalando a alguien en el banquillo, apuntando con el dedo, pero, justo en el momento en que Mijatovic se abraza a Fernando, el realizador cambia el plano y elige otra cámara. Se perdió el abrazo, igual que se perdió el balón de la séptima. Davor Suker, en plena algarabía final, le dio un patadón y mandó el balón a la grada.

Fue un gol extraordinario por muchos motivos, entre otros porque fue el primero que conseguía Mijatovic en la Copa de Europa de esa temporada. Algo extraño. Ilógico, raro. Un tipo como Mijatovic, un depredador del gol. Sin premio. Sus compañeros lo tenían claro. Se reservaba para el gran día, para la gran final de Ámsterdam.

Jupp Heynckes, el entrenador del Madrid, había elegido como hotel de concentración la

Mijatovic: «Es el gol más importante de mi vida y uno de los más bonitos que he marcado. No era fácil driblar al portero y levantarle la pelota por arriba.»

sede de la selección holandesa de fútbol. Su cuartel general. Su ciudad deportiva. Un recinto funcional, sin lujos, pero con sabor a fútbol. En sus paredes colgaban fotos, con nombres históricos como el Johan Cruyff. Mijatovic recuerda cada minuto previo de aquella final como si hubieran transcurrido solo dos días. Cuenta incluso que, en la noche anterior al partido de su vida, tuvo una premonición, se miró en el espejo del baño y tuvo el presentimiento de que el triunfo estaba cerca.

—Años después, tu gol sigue en el corazón de la gente…

—Te das cuenta de que hice algo importante porque por mucho tiempo que pase siempre me lo recuerdan por la calle. Eso es hermoso. Nunca podré devolver el cariño del público del Real Madrid. Me hacen feliz sabiendo que, con ese gol, hice felices a miles de aficionados.

—Durante aquella final, de repente, en una pugna con el balón, usted choca con Di Livio y se fija en un detalle que pasó inadvertido para la gran mayoría…

—Durante el partido me di cuenta de que Di Livio llevaba pintada en la mano dos cifras, un uno y un cero, separados por un punto. Pensé enseguida que se trataba de una cábala,

Mijatovic: «Hice algo importante porque, por mucho tiempo que pase, siempre me lo recuerdan por la calle. Hice felices a miles de aficionados.»

del resultado que se había apostado con sus compañeros. Creía que llevaba marcado el resultado que se iba a dar luego (1-0) y poder presumir de ello ante los demás…

—Y resulta que no era esa la sorpresa…

—Al salir del Real Madrid me fui a la Fiorentina y, lo que es la vida, allí me encontré en la plantilla con Di Livio y Torricelli: los dos habían jugado con la Juventus en la final de Ámsterdam. Un día le pregunté a Di Livio por aquello.

—¿Y qué te contestó?

—Que era la prima que había ofrecido la Juve a sus jugadores por ganar la Champions. Era el número diez lo que llevaba dibujado y equivalía a 10.000 millones de liras de la época, unos 500.000 euros por cabeza. Una barbaridad de dinero en esos años. A Di Livio, esa final le quedará marcada para toda la vida. Me dijo que en el campo, cada vez que veía ese diez en la mano, le entraban ganas de correr más. Di Livio y Torricelli me recordaron más de una vez, con humor, que se quedaron sin dinero por mi culpa.

—Desde entonces eres el héroe de la séptima…

—Recuerdo el agradecimiento y cariño de todos mis compañeros de la plantilla del

Real Madrid. En la celebración, en el césped del estadio Santiago Bernabéu, me dejaron salir el último. Mientras cruzaba el campo, veía al fondo a todo el equipo haciendo un gesto de reverencia mientras el público coreaba mi nombre entre olés y olés. Es algo imborrable.

—Siempre has dicho que en el fútbol fuiste un tipo con suerte. Yo creo que pecas de modestia; me da la impresión de que tu control mental y tu hambre de fútbol, unido al talento, te han ayudado más que la suerte.

—Sí, pero es verdad que en momentos clave he tenido fortuna.

—Comenzamos por tu primer gran éxito, el título con Yugoslavia en el Mundial Juvenil de Chile del año 1987. ¿Cómo te incorporaste a aquella selección mítica que arrasó bajo la dirección de Mirko Jozić y con futbolistas como Boban, Jarni, Prosinecki, Suker…?

—Yo jugaba en el Budučnost, un equipo pequeño de Montenegro y, gracias a una diarrea que dejó fuera de combate a quince jugadores de la selección nacional juvenil, me llamó Jozić y pude jugar uno de los partidos de preparación. Nunca había sido seleccionado y si no llega a ser por la diarrea no me hubieran llamado. Debuté, lo hice bien y me incluyeron en la selección que viajó a Chile. Y hasta hoy. Fue un momento afortunado, como en la Champions de 1998, que no había visto puerta hasta la final y el destino me tenía reservado el gol de mi vida.

—¿Qué reflexión general tienes sobre tu trayectoria como futbolista?

—Que soy un privilegiado. Merece la pena ser futbolista por disfrutar de esos segundos donde alcanzas la gloria, unos segundos que han vivido Fernando Torres o Andrés Iniesta con España, instantes plenos de felicidad. Te cuento un secreto: cuando marqué el gol no sabía dónde estaba, pero sí tenía la percepción, la ilusión de ver cómo en ese momento sientes ganas de volar. Uno se llega a creer que tiene tanta energía, que, si echas a volar y mueves los brazos, puedes planear alrededor de la grada en el estadio.

Mijatovic tiene una vida de cine. Nacido en Montenegro, le tocó vivir la desmembración de Yugoslavia y la guerra de los Balcanes. Y vivió en persona el inicio del conflicto bélico. Un 22 de marzo de 1999, Pedja intentó imitar como pudo durante varias horas el papel de Roberto Benigni en *La vida es bella*, galardonada con tres Óscar en Hollywood. Mientras cruzaba Serbia en un coche alquilado hacia la frontera de Hungría, trató de desviar la atención de su hijo Luka, entonces de seis años.

Mijatovic mantuvo distraído a Luka, que como todos los niños apelan continuamente al porqué de las cosas. Algo malo debió pensar el niño, cuando, ya en plena carretera, le preguntó a su padre. «¿Papá, por qué viajamos en coche, cuando a España siempre vamos en avión?» Pedja, nacido en Podgorica, Montenegro, cambió de discurso y emplazó a su hijo a explicárselo más adelante, cuando fuera mayor.

En el cine, Benigni es Guido, un librero que convierte la guerra en una fábula. Su hijo, Giosué, también de seis años, llega a creer que la Segunda Guerra Mundial es un concurso, con un gran premio para el ganador: un carro de combate. Pero no de juguete, sino de verdad.

Tras una noche agitada, Mijatovic y su hijo desayunaron en Budapest y luego tomaron el vuelo 570 de la compañía Malev con destino a Barcelona. El hombre clave en esta operación retorno fue Miljan Miljanic, exentrenador del Real Madrid y presidente en esos momentos de la Federación Yugoslava de Fútbol. Miljanic, fallecido el año 2012, cumplió con su objetivo: sacar a sus jugadores del peligro lo antes posible.

Esa noche llamé por teléfono a Miljanic: «¿Que cómo se vive hoy en mi país? No se vive», me dijo. «Pero no tenemos miedo. Yo al menos no lo conozco. No lo tuve con diez u once años cuando me pilló la Segunda Guerra Mundial», añadió Miljanic. «Sufrí mucho de niño. Pasé muchas necesidades. Ahora pasamos otra vez por una mala racha. Pero lo principal es que los jugadores, que son mis hijos, están bien. Fue una noche terrible, porque organizar una salida del país en cinco minutos no es fácil», concluyó Miljanic, un revolucionario del fútbol cuando llegó en los años setenta a dirigir al Real Madrid. Fue el primer técnico que introdujo la figura del preparador físico, algo desconocido en la época. Vino a suplir a Miguel Muñoz. Y dejó su sello. Luego se dedicó a disfrutar de sus futbolistas.

Pedja Mijatovic es patrimonio del fútbol. Todo un personaje. Tiene mundo. Conoce el fútbol europeo. Sus virtudes y sus defectos. En la distancia corta es directo. Buen conversador, repleto de historias, él es el hombre de la séptima. En el vuelo Ámsterdam-Madrid, viajó lesionado con una bolsa de hielo en su pierna, pero feliz con su medalla de la UEFA al cuello. Cuando entró en el paseo de la Castellana montado en un Chrysler descapotable, con la copa en la mano, viendo la calle inundada de aficionados, Pedja supo que el fútbol le había devuelto todo lo que había soñado ●

Mijatovic: «Merece la pena ser futbolista para disfrutar de esos segundos en los que alcanzas la gloria, unos segundos que han vivido Torres o Iniesta con España.»

INIESTA

El mundial de España

«Cuando me vino el balón a la pierna derecha, escuché el sonido del silencio. Sabía que iba dentro. Lo golpeé con el alma y fue gol. Me volví loco de alegría.»

ANDRÉS INIESTA,
autor del gol que le dio a España su título de campeón del mundo

ESPAÑA, 1 - HOLANDA, 0

Andrés Iniesta es un jugador de leyenda. No para de ganar títulos y es el futbolista más querido en España. Tras conquistar el Mundial le aplaudieron en todos los rincones. Su gol es universal. Y el mérito de Iniesta es saber compartir su éxito con todo el mundo. Por eso cae bien a todos. Y por eso ha hecho verdaderamente felices a tantos. Al día siguiente de la celebración en Johanesburgo, la empresa Hyundai aparecía en la prensa con un texto publicitario que decía: «Hyundai, patrocinador oficial de la alegría más grande que te has llevado en toda tu vida».

España se echó a la calle. Millones de personas pasearon sus banderas. Los almacenes regentados por los chinos y las tiendas que abren veinticuatro horas se hartaron de vender enseñas rojigualdas. España es un equipo que funciona. En todos los segmentos. Da igual el deporte. En chicos y en chicas. El mundo admira ese espíritu colectivo de una generación que, para llegar a levantar la Copa del Mundo a nivel absoluto, antes ya lo había conseguido en el Mundial sub-20 de Nigeria, con Iker y Xavi al mando.

Jugar en clubes grandes garantiza la disputa anual de la Liga de Campeones y la experiencia adquirida por los jugadores españoles en ligas extranjeras, especialmente en la Premier inglesa, han ayudado a que España sea campeón mundial con la sabiduría de Vicente del Bosque al frente. A todos estos factores hay que añadir la labor de identidad que proporciona la Ciudad del Fútbol, la casa que cobija a todos los futbolistas españoles. Y, ahí, Andrés Iniesta es, junto a Iker, un eslabón importante en la fábrica del éxito.

De hecho, la dirección deportiva de la Federación Española ha hecho un estudio en el que se busca la herencia, el legado de este grupo que lideran Iker, Xavi e Iniesta. Lo titulan «¿Quién se parece a quién?». De tal manera que el objetivo es intentar perpetuar un sistema, un método que mantenga el estilo de la selección absoluta. La sub-21 juega también a un máximo de dos toques. Y mientras Iniesta deleita, en la sub-21 ya hay un futbolista que, salvando todas las distancias, juega de Iniesta. No se trata de jugar como Iniesta, sino de actuar de Iniesta. Y ese hombre es Isco, jugador del Málaga en 2012. Para llegar a este planteamiento, Andrés Iniesta se ha convertido en el paradigma de la evolución del niño ideal que triunfa tras acudir a las llamadas del equipo nacional desde los quince años.

En Sudáfrica, antes de la traca final, Iker

Casillas sacó un balón memorable a Arjen Robben. Salió a tiempo en un mano a mano y desvió con el pie un balón de oro. Iker ya le había sacado balones así en los entrenamientos del Real Madrid. Pero esa pelota ahora era mortal en la final de un Mundial e Iker la desactivó. Poco después, Iniesta puso la guinda. Un broche imborrable. Desde entonces, todo el mundo quiere tocarle y abrazarle por la calle. Y, como es lógico, las empresas quieren vincularse a su imagen.

Y sin hacer ruido explota su marca. Y por eso también anuncia helados Kalise. Era una marca que antes se veía solo en las Islas Baleares y en Canarias, y en la zona del mar Mediterráneo. Hoy se ve Kalise en todas partes. Según los datos que maneja el departamento de márketing de Kalise, Iniesta ha contribuido a poner esta empresa como la tercera compañía más conocida del sector heladero español. Y ha ayudado a multiplicar por seis la notoriedad de la marca Kalise entre octubre de 2010 y octubre de 2011. Me confirman además, desde el Grupo Kalise Menorquina, que la expresión «Kalise para todos» ha calado tanto entre el público que se ha consolidado en el lenguaje coloquial como frase optimista, en un escenario social en el que las malas noticias se han apropiado de la realidad en los medios de comunicación durante todo el año 2012.

La citada expresión llegó a ser *trending topic* el 28 de junio de 2012, lo que permite ilustrar la popularidad de un sello que hasta la llegada de Iniesta ni mucho menos tenía tal exposición mediática en España. Kalise, gracias a Iniesta, ha reforzado sus valores: honestidad, naturalidad, deportividad, juventud y modernidad. Son los rasgos que se asocian a la imagen de Iniesta y que expande también la firma patrocinadora. En Facebook es la marca con mayor número de fans (más de 80.000) en 2012. Y lo más importante. El consumo. Kalise ha multiplicado por 2,4 el número de personas que declara haber consumido sus helados en 2011, con respecto al 2010. Del mismo modo, el número de puntos de venta donde se vende la marca ha aumentado un 23 por ciento en 2011. Las ventas en 2011 crecieron un 3 por ciento en un mercado que en su conjunto había caído un 2,5 por ciento. En resumen: Iniesta vende. Y mucho.

Andrés no solo vende helados. También expone bien sus vinos, en el mercado comercializados con los nombres de Corazón Loco y Finca El Carril, fruto de su inversión en las

Iniesta: «Corrí hacia la esquina, todo el mundo vino a abrazarme y al levantarme la camiseta todo mi recuerdo fue para Dani Jarque, mi amigo.»

120 hectáreas situadas en Fuentealbilla, el pueblo natal de la familia Iniesta Luján, en plena comarca de La Manchuela, entre las cuencas de los ríos Cabriel y Júcar. Con sus vinos se festejó la Eurocopa de Polonia y Ucrania en la cena oficial de las familias y amigos, celebrada en el restaurante Budha de Madrid. Todos los invitados brindaron con el tinto de Iniesta. De Vicente del Bosque a Iker Casillas. Y por supuesto sus amigos, el dúo Estopa y el humorista Carlos Latre.

Latre es un genio de la imitación. Posee un talento sobrenatural para manejar cientos de registros, voces de personajes populares. Y en su repertorio no podía faltar el de Andrés Iniesta. El espectáculo de Latre denominado *Yes, we Spain is different* comenzó su gira de verano en 2012 con 180.000 espectadores que habían asistido a un *show* que obtuvo un éxito demoledor en la Gran Vía, en Madrid. Iniesta no podía faltar en la sociología de la España del siglo XXI. Y como termómetro de su popularidad, en un escenario donde aparecen políticos, cantantes, actores, presentadores de televisión, famosos e ilustres, sin duda el personaje que mayores aplausos concita es el de cuando Latre interpreta a Iniesta.

El fisio Raúl Martínez preguntó entre tanta algarabía: «¿Quién ha sido?» «Iniesta», le contestaron. Y él murmuró: «Andresito, tenías que ser tú».

El clon del número 6 de la selección española aparece a modo de comodín del público y pronuncia una sola frase: «Si lo sé, no marco el gol a Holanda». Es simbólico e ilustra simplemente el cambio de vida que ha experimentado Andrés desde que diera a España la mayor alegría de su historia. Iniesta es el personaje favorito de los espectadores del *show* de Latre. Un síntoma de amor, respeto y cariño hacia uno de los personajes más queridos por los españoles. Un barómetro claro para discernir qué personaje es importante de verdad y goza del afecto del público.

Un gol a Holanda, en el minuto 116, en el estadio Soccer City de Johanesburgo, delante de 84.490 espectadores. Un gol que permitió primero a Iker Casillas, y luego a los demás, levantar una copa de oro que pesa 6,175 kilos, 4,927 de los cuales son de oro puro; mide 36 centímetros y, junto al oro, en su composición hay dos anillos de piedras de malaquita que dan lustre a la base.

La copa de Iniesta fue fabricada en Italia por el orfebre Silvio Gazzaniga. Él dice que su oficio se llama «escultor medallista». Hizo, antes de la copa de nuestra vida, infinidad de medallas de san Antonio de Padua para los monjes. Y en 1971 ganó un concurso al presentar un boceto que transmitía poderío, energía, dinamismo. Una torsión que representa una ascensión helicoidal, que, en su elevación, produce armonía, según el escultor.

Los anillos de malaquita de la Copa del Mundo son verdes, el color favorito de Iniesta. El verde tenía que salir por algún lado. Un guiño al césped, un trofeo que fue levantado por primera vez por Franz Beckenbauer en la final de 1974, al vencer Alemania Federal a Holanda. Una copa que hizo feliz a un país donde el fútbol es tan importante que, según el estudio de ABN Amro, un título mundial puede provocar en un país como España un incremento de un 0,7 por ciento de su PIB.

Hasta llegar a esa volea de Iniesta, que cambió la vida de la selección española, aparece una intrahistoria larga e interesante. Para que Andrés golpeara con premio el pase de Cesc Fàbregas, primero tuvo que superar unos meses previos de incertidumbre. No salía de una lesión muscular y se metía en otra. Iniesta necesitaba ayuda. Médica y psicológica. Y además, un año antes del Mundial, perdía a su gran amigo Dani Jarque. Muchos palos en tan poco tiempo. Emili Ricart y Raúl Martínez, fisios del FC Barcelona y de la selección española, se pusieron manos a la obra.

¿Qué estaba fallando en el organismo de Iniesta? Si no se había lesionado en toda su vida, en quince o veinte años, ¿por qué, de repente, no salía de esa encrucijada? Dice Vicente del Bosque que las dolencias musculares provienen directamente de la cabeza. Y por ahí, por armonizar su cuerpo, como le dijo Raúl Martínez, comenzó a recuperar el ánimo en pleno Mundial.

Porque a Sudáfrica llegó Andrew (como le llaman de verdad sus amigos de la selección), con un apoyo, con un CD de refuerzo moral, una mezcla de imágenes editadas por Emili Ricart donde aparecían fenómenos del deporte mundial como Fernando Alonso, Roger Federer o Manel Estiarte, que aparecían primero tocados o hundidos y de repente eufóricos y felices. El mensaje era claro: todos los grandes sufren y al final salen del túnel, porque el talento les empuja a derribar el miedo y la angustia.

Con ese vídeo de rehabilitación emocional viajó Iniesta a Sudáfrica. Lo veía todas las noches. Había sufrido cuatro lesiones en un año, la última en un entrenamiento en Barcelona. Un desgarro del isquio le supuso un trauma a Iniesta. No paraba de llorar. Llegó a perder la confianza en sí mismo. Pero eso tenía cura. Iniesta no podía perder la fe en sus regates, en su famosa «croqueta», la finta fugaz a dos toques que le permite salir con autoridad en carrera ante cualquier rival. El legado que copió a Michael Laudrup, su ídolo de infancia, el auténtico inventor de esa jugada que tanto rédito le da a Iniesta en su carrera deportiva.

Suiza dio el primer susto en el Mundial. Ganó por 1-0 de forma increíble. Fernandes se encontró con un gol en una melé, repleta de infortunio, en el área de España. 74,6 por ciento fue la posesión de España. Un dominio insultante pero sin premio en el marcador. Fernando Hierro, entonces director deportivo de la RFEF, habló con los capitanes. «Es una oportunidad única en la vida, hay que levantarse y pelear; tenéis talento para ser campeones», me dice Fernando que les dijo. Y es que él sabe muy bien lo que es quedar eliminado de un Mundial de forma injusta a veces, como en EE. UU. 94. Y sabe que ese día no vuelve.

Lo peor no era el resultado. Todos comentaban que la calidad de España iba a surgir de nuevo ante el segundo compromiso frente a Honduras. Lo peor es que Iniesta acabó con «sensaciones raras», como él mismo comenta. Se hizo más daño del que pensaba y, de momento, fue baja para el segundo partido del Mundial.

Comenzó entonces una carrera contra el reloj. Y un trabajo arduo de Raúl Martínez sobre la camilla. El fisio de la selección llegó a la absoluta con José Antonio Camacho. Es un profundo defensor de lo que él denomina «entrenamiento invisible», de todo lo que no se ve en el exterior, en un entrenamiento de un deportista. Raúl Martínez cree en la prevención y en sus ejercicios pertinentes para driblar las lesiones. Él sostiene que ese método es un estilo de vida.

Y de ahí, «de armonizar» su cuerpo en la enfermería, salió Iniesta lanzado ante Chile, Portugal, Paraguay, Alemania y Holanda. Iker salvó de milagro a Robben en un uno contra uno y todo quedó en manos de Iniesta. Antes, Vicente del Bosque, una vez más certero en la lectura del partido, hizo los tres cambios: entraron Jesús Navas, Cesc Fàbregas y Fernando Torres. Y los tres —ha pasado este dato inadvertido—, los tres recién incorporados participaron en el gol de nuestra vida.

Los tres fueron determinantes en el minuto 116 en la obra maestra de Andrés Iniesta. Navas saca el balón desde atrás, aparece Torres, entrega a Cesc Fàbregas, que ve la diagonal perfecta. Al fondo, Iniesta. Delante suyo está el exmadridista Rafael van der Vaart, en ese momento con el brazalete de capitán de Holanda.

—¿Qué sintió Andrés en el momento de pegar la volea?

—Como si fuera a cámara lenta, vi que estaba solo, que el balón era para mí. Y ya lo he contado varias veces, pero, es verdad, sentí como si se detuviera el tiempo, como si un silencio absoluto apareciera de repente.

Y, en cuanto le di a la pelota, vi enseguida que iba adentro, que era gol.

—¿De quién se acordó?

—En esos momentos corrí hacia la esquina, todo el mundo vino a abrazarme y al levantar mi camiseta todo mi recuerdo fue para Dani Jarque, mi amigo. «Siempre con nosotros», ponía. Todo el mundo se acordará de mi gol, pero con esa celebración también la gente tendrá en la memoria a Jarque.

«Andrew» Iniesta, por méritos propios, fue ganando autoridad moral en la selección. Fue acumulando galones. Como en el ejército. Y la federación le hizo algún mimo. Detallitos como poner un Scalextric, el juego favorito del manchego, en el hotel de la Eurocopa en Polonia, aunque al final lo disfrutaron todos.

Iniesta es un producto auténtico de las categorías inferiores de la selección. Quizá porque Ginés Meléndez, un maestro de Albacete que coordina las secciones inferiores de la selección en la última década, ha vigilado siempre de cerca el fútbol de Castilla la Mancha. Y, desde crío, Andrés ha sido uno de los fijos en todas las listas.

Andrés ha sufrido también. Ahora le llueven la loa y el halago. Sin embargo, recuerdo una de las primeras veces que hablé con Iniesta. Tenía veintiún años, jugaba en el equipo sub-21 que entonces dirigía Iñaki Sáez. Acababa de finalizar un partido de clasificación para la Eurocopa de la categoría. Se jugaba en el estadio Maurice Dufrasne de Lieja, ante solo 3.000 espectadores. España perdió por 1-0. Y quedó eliminada de la competición. De aquel once de Bélgica, únicamente Vermaelen, autor del gol, es un jugador cotizado en el fútbol de élite actual. Fichó luego por el Arsenal.

España se fue a la calle con Zapater, Gabi, Juanfran, Cesc, Iniesta, Silva, Llorente o Soldado, entre otros que jugaron aquella noche, en la que también actuó nuestro añorado Dani Jarque como titular. Hoy son todos muy famosos. Y grandes estrellas. Pero tuvieron sus días duros hasta llegar a coordinarse como el gran equipo que son en la actualidad.

Tras aquella derrota, me encontré a Iniesta sentado al lado de un árbol. Había lucido el número 10 aquella noche. Vistió España de blanco. El tronco le servía para apoyar su espalda. Bebía para hidratarse, mientras, con los ojos vidriosos, intentaba que no se le escapara ninguna lágrima. No podía hablar del disgusto.

Iniesta dijo: «Un momentito. Primero, una foto con Juanfran». Un detalle de calidad. Una foto que Juanfran jamás olvidará. Preside el salón de su casa.

Iniesta es un ganador. Siempre ha querido a la selección. A la Roja de todas las categorías. Por eso, los empleados de la federación saben quién es y de dónde viene. El gol del Mundial en Sudáfrica volvió loco al banquillo de Vicente del Bosque. El fisio, Raúl Martínez, preguntó entre tanta algarabía: «¿Quién ha sido?» «Iniesta», le contestaron. Y él murmuró: «Andresito, tenías que ser tú».

Dos años después, España levantó la Eurocopa de 2012 en Kiev. A la hora de las fotos, las del recuerdo, todos iban pasando por la zona donde estaban los reporteros gráficos. Acabadas ya las imágenes de grupo tras bajar del palco, los jugadores posaron por equipos. Los del Real Madrid, los del Barcelona, los del Chelsea, los del Athletic de Bilbao…

Juanfran, del Atlético de Madrid, era de los que se quedaban solos. Así que, antes de posar junto a sus compañeros del FC Barcelona (Valdés, Piqué, Puyol, Xavi, Pedro, Busquets), «Andrew» Iniesta dijo a los suyos: «Un momentito. Primero, una foto con Juanfran». Un detalle de calidad. Una foto que Juanfran jamás olvidará. Preside el salón de su casa. Los grandes jugadores son gigantes desde los pequeños detalles •

Tras el gol, Andrés Iniesta rinde homenaje a su amigo fallecido Dani Jarque.

Este libro utiliza el tipo Aldus, que toma su nombre
del vanguardista impresor del Renacimiento
italiano Aldus Manutius. Hermann Zapf
diseñó el tipo Aldus para la imprenta
Stempel en 1954, como una réplica
más ligera y elegante del
popular tipo
Palatino

* * *

* *

*

Goles se acabó de imprimir
en un día de primavera de 2013,
en los talleres gráficos de Egedsa
Roís de Corella 12-16, nave 1
Sabadell (Barcelona)

* * *

* *

*